本书获得2011年国家社科青年基金“战略性新兴产业培育的机制与路径研究”（编号：11CJL058）、2012年浙江省软科学课题“基于主导设计竞争的战略性新兴产业培育机制研究”（编号：2012C35005）、2015年浙江省软科学重点课题“浙江城市创新生态系统建设的经验、问题与对策研究”（编号：2015C25041）资助

经济管理学术文库 • 管理类

战略性新兴产业双链融合：机制与路径

Integration of Strategic Emerging Industry's Technology Chain and Industry Chain: Mechanism and Path

徐梦周／著

经济管理出版社
ECONOMY & MANAGEMENT PUBLISHING HOUSE

图书在版编目（CIP）数据

战略性新兴产业双链融合：机制与路径/徐梦周著．—北京：经济管理出版社，2019.7

ISBN 978-7-5096-6856-6

Ⅰ.①战… Ⅱ.①徐… Ⅲ.①新兴产业—产业发展—研究—中国 Ⅳ.①F269.24

中国版本图书馆CIP数据核字(2019)第171670号

组稿编辑：杜 菲
责任编辑：杜 菲
责任印制：黄章平
责任校对：陈晓霞

出版发行：经济管理出版社
（北京市海淀区北蜂窝8号中雅大厦A座11层 100038）
网 址：www.E-mp.com.cn
电 话：(010) 51915602
印 刷：三河市延风印装有限公司
经 销：新华书店
开 本：720mm×1000mm/16
印 张：13.75
字 数：241千字
版 次：2019年12月第1版 2019年12月第1次印刷
书 号：ISBN 978-7-5096-6856-6
定 价：78.00元

序

当今世界范围内新一轮科技革命和产业变革方兴未艾，以新一代信息技术为引领，生物技术、新材料技术、新能源技术等广泛渗透、交叉融合带动以绿色、智能、泛在为特征的群体性技术不断突破，重大颠覆性创新不时出现，驱动新产品、新行业和新基础设施相继爆发。战略性新兴产业是由重大技术突破带动发展的多个产业构成的一类产业。与传统产业相区别，战略性新兴产业代表着先进生产力的发展方向，显现出产业结构的升级趋势，同时也是世界各国主要竞争领域所在。

面对历史大潮，在构建现代产业体系进程中，将战略性新兴产业摆在更加突出的位置是推动我国经济高质量发展的必然选择。首先，发达国家纷纷抓紧部署战略性新兴产业，不及早行动，就会在国际竞争中丧失主动。其次，世界经济发展的历史已表明，后发国家如能在重大技术变革时期利用好“机会窗口”，就有可能实现后发赶超并成长为经济强国。战略性新兴产业是新生事物，我国与发达国家的差距相对较小，甚至在某些领域还具有自己的独特优势，这为我国抢占战略制高点提供了契机。同时，发展战略性新兴产业有利于实现经济发展方式由粗放到集约的转变，有利于促进产业结构由高污染、高能耗、高物耗向清洁、高效、知识技术密集的转变，有利于创造新的市场需求，从而解决比较优势削弱、资源环境约束加剧、内需升级受限等诸多矛盾和问题。

从 2009 年 9 月中央提出发展战略性新兴产业的政策动议，到 2010 年 10 月颁布《国务院关于加快培育和发展战略性新兴产业的决定》，再到 2012 年 7 月出台《“十二五”国家战略性新兴产业发展规划》以及 2016 年出台《“十三五”国家战略性新兴产业发展规划》，我国战略性新兴产业发展经历了一个认识不断深化、实践日益丰富的过程。“十三五”期间，新一代信息技术、新能源、新材料等战略性新兴产业快速发展、成效显著，成为驱动我国经济增长的核心动力。但这一时期战略性新兴产业发展总体上仍然没有摆脱投资驱动、产能扩张的粗放发展模式，各种矛盾和制约不断显现，迟迟未能进入技术驱动、内生增长的良性发展轨道。这其中关键领域核心技术受制于人、技术与产业难以融合发展是深层次原因。因此，如何加速关键领域核心技术的研发和追赶进程，更好地实现技术与产业融合发展就成为新时期推动战略性新兴产业高质量发展必需解决的重要问题。

完善的技术链是产业链形成的基础，而技术链与产业链的融合又是一个国家掌握发展主导权、实现战略性新兴产业自主安全可控的核心，但技术链、产业链之间的关系极为复杂，如何实现双链融合发展需要在理论上有所创新、在实践上有所突破。徐梦周博士的新著《战略性新兴产业双链融合：机制与路径》就在这一领域作出了有益探索。该书在综合考察新工业革命历史机遇、全球竞争态势以及我国战略性新兴产业发展存在问题、发展目标的基础上，提出推动战略性新兴产业从双链失衡走向双链融合是实现高质量发展的关键所在。在研究视角上，该书利用文献研究、对比分析以及案例研究等方法对我国战略性新兴产业发展实际和国外经验进行剖析，着重挖掘技术链和产业链的运行特征以及双链融合的内在规律，突破了对单一技术产业化机制的关注，在很大程度上弥补既有同类研究缺乏微观基础的不足。

在研究内容上，全书共分十章、分别从问题剖析—机制建构—路径探索—政策建议四个层面就战略性新兴产业技术链、产业链失衡的形成根源，双链失衡到双链融合的逻辑框架、动力机制、创新路径以及相应对策建议进行深入讨论。在问题剖析部分，主要明确了战略性新兴产业双链失衡的内涵及表征，并从独立创新、合作创新以及产业链整合创新三个维度分析了双链失衡的形成缘由。在机制建构部分，提出了“技术链支撑产业链、产业链反哺技术链”的逻辑构想并讨论了相应的支撑机制。在路径探索部分，从主体—组织—空间三个层面探讨技术链和产业链融合机制的实现路径，重点论述了新型创新主体、产业创新服务体系以及区域创新空间体系建构的重要性。在政策建议部分，深入分析了技术链、产业链演进的不同阶段及相应的政策作用，并结合国内外实践对我国战略性新兴产业政策存在的问题进行评估，进而从技术创新、市场培育、产业组织、空间布局四个层面提出了驱动双链融合的政策构想及具体建议。

本书得出的一些研究结论和观点颇具启发性和新意。例如对于战略性新兴产业双链失衡的认识上，提炼出技术节点空白与技术链断裂、非自主技术限制性生产、非自主技术低价值生产和自主技术低产业化率四种形态；对于战略性新兴产业如何从双链失衡走向双链融合，提出了关键在于实现技术链的高转化率、产业链的高附加值以及形成技术链支撑产业链发展、产业链反哺技术链的良性发展态势。再如，提出在把握产业链供给的技术链延伸、技术链供给的产业链前移、技术链与产业链合作搭接等基本思路的同时，需要优化建立企业技术—市场信息传递、合作创新知识整合、合作创新利益协同和后发国家产业链治理等多重支撑机制；在政策支撑上，针对战略性新兴产业双链融合的政策导向需要实现四大转变，即在技术创新上从树立标杆转向形成体系、在市场培育上从出口导向转向内外并举、在产业组织上从促进集中转向培育生态、在空间布局上从投资激励转向区域协调，等等。

融入地方前沿实践是该书的一个重要特色。作者工作生活所在的浙江省长期位居全国经济发展第一方阵，承担着众多国家战略和改革的试点任务，在民营经济、数字经济发展等方面均作出了不俗的成绩。无论是培育新型创新主体、完善产业创新服务体系，还是构建区域多层次创新空间体系，都是浙江省在培育发展战略性新兴产业过程中的重要抓手。该书通过阿里巴巴创新生态、浙江产业创新服务综合体、杭州城西科创大走廊等案例生动揭示了技术链和产业链融合机制的实现条件和可能路径，在很大程度上为战略性新兴产业培育提供了理论与工具支撑。

当前我国正处在转变发展方式、优化经济结构、转换增长动力的攻坚期，全球范围内愈演愈烈的贸易摩擦和科技竞争让我们清醒地认识到，无论对于一个国家还是一个产业，只有实现核心技术的自主可控，才能真正掌握竞争和发展的主动权，战略性新兴产业也才能真正进入高质量发展轨道。相信该书能够为关注这一问题的读者提供有益启发和重要参考，同时也期待该书作者在这一领域继续深入思考，不断产出新的研究成果。

吕铁

中国社会科学院工业经济研究所研究员

2019 年 12 月

前　言

培育和发展战略性新兴产业的关键在于形成完善的产业链，而完善的技术链是支撑产业链形成、掌握产业发展主导权、实现可持续性的关键所在。战略性新兴产业发展至今态势迅猛，但繁荣背后隐藏不少问题，甚至不少产业呈现出传统行业般的疲态，究其原因在于技术链和产业链之间出现失衡：一方面，技术链和产业链自身存在断裂现象，尤其是技术链中核心技术和共性关键技术供给严重不足；另一方面，技术链与产业链相互脱离，科技成果转化率低。围绕“战略性新兴产业如何实现良好发展”这一研究主题，本书从新工业革命历史机遇、全球竞争态势以及我国战略性新兴产业发展目标、现状及存在问题入手，围绕“双链失衡的内涵及表征”、“双链失衡的形成根源”、“从双链失衡到双链融合的基本逻辑及支撑机制”、“双链融合的实现路径”以及“双链融合中的政策作用”开展重点研究并给出相关的对策建议。

结合理论研究以及发达国家、地区实践经验分析，本书形成以下观点：①我国战略性新兴产业发展困境源于技术链与产业链的失衡，具体表现为技术节点空白与技术链断裂、非自主技术限制性生产、非自主技术低价值生产和自主技术低产业化率四种形态；②从企业层面和产业协作来看，战略性新兴产业双链失衡主要源于企业独立创新中的技术市场信息不对称、合作创新中的知识粘滞性和利益失衡以及基于技术链的产业链整合者缺失等问题；③战略性新兴产业从双链失衡到双链融合的实质在于实现技术链的高转化率、产业链的高附加值，以及形成技术链支撑产业链发展、产业链反哺技术链的良性发展态势；④战略性新兴产业双链融合必须把握产业链供给的技术链延伸、技术链供给的产业链前移、技术链与产业链合作搭接的三大基本思路以及企业技术—市场信息传递、合作创新知识整合、合作创新利益协同和后发国家产业链治理四大支撑机制；⑤培育新型创新主体、完善产业创新服务体系以及构建区域多层次创新空间体系是推动战略性新兴产业双链融合的重要抓手；⑥战略性新兴产业双链融合的相关政策需实现四大转变，在技术创新上从树立标杆转向形成体系，在市场培育上从出口导向转向内外并举，在产业组织上从促进集中转向培育生态，在空间布局上从投资激励转向区域协调。

目　录

第一章 绪 论

回顾历史，人类历次工业革命均是技术经济范式的全面更新，也是全球产业竞争格局的一次再造。英国超越荷兰、美国赶超英国以及日本、韩国等东南亚国家的兴起都缘于这些国家在工业革命期间抓住了主导技术群的创新优势，先行推动新产品、新行业和新基础设施的相继爆发，进而促进所有经济活动的潜在生产率的量子跃迁，整个生产体系随之更新（佩蕾斯，2007）。当前，新一轮工业革命正从蓄势待发到群体迸发的关键时期。2008 年金融危机后，大力发展战略性新兴产业纷纷成为各国的核心战略。原有发展模式难以为继，在国际竞争日趋激烈的情形下发展新的经济增长点、构建新的发展战略成为当前最为紧迫的任务。无论从历史角度还是现实考量，培育和发展战略性新兴产业是实现经济社会高质量发展的重要基石。

一、研究背景

（一）新一轮工业变革蕴含重大发展机遇

18 世纪中后期的第一次工业革命创造了蒸汽时代，20 世纪早期的第二次工业革命将人类带入电气时代。如今种种迹象表明世界经济发展到今天，上一轮科技和产业革命所提供的动能已经接近尾声，传统经济体制和发展模式潜能趋于消退。取而代之，战略性新兴产业正成为推动全球经济复苏和增长的核心动力：一是移动互联网、智能终端、大数据、云计算、高端芯片、人工智能等新一代信息技术发展带动众多产业变革和创新；二是围绕新能源、气候变化、空间、海洋开发的技术创新更加密集；三是绿色经济、低碳技术等新兴产业蓬勃兴起；四是生命科学、生物技术带动形成庞大的健康、现代农业、生物能源、生物制造、环保等产业。

1. 技术创新的群体性与复杂化

未来 20 年，全球将进入科技创新的活跃期，无论是科技成果的产出，还是科技市场的繁荣程度，抑或是各国的科技投入能力，在这一阶段都呈现出快速发展的态势。正如熊彼特所指出的，“技术创新不是孤立事件而是趋于结成集群，鱼贯而出”。本次工业革命中技术创新显现出高度跨学科化特征，很多技术创新出现在知识交叉、综合的领域，起核心作用的已不是一两门科学技术，而是由信息科技、生命科学和生物技术、纳米科技、新材料与先进制造科技、航空航天科技、新能源与环保科技等构成的高科技群体。与此同时，随着分工的深化、迂回生产程度的提高，产品也变得越来越复杂，特别是一些产品已经发展成为“综合程度高、包含的子系统多、涉及多种知识和技能、界面复杂的复杂产品系统”，这进一步加剧技术创新的复杂性。

2. 生产制造的可重构性与社会化

第一次产业革命是机械化所催生的工厂制，彻底涤荡了家庭作坊式生产；第二次产业革命源于制造业的自动化所创造的福特制，生产流水线使大规模生产成为制造业的主导，产品的同质化程度和产量实现双高。这两次工业革命所产生的都是基于工厂范围的集中型生产方式，特别是第二次工业革命更是将此方式发挥得淋漓尽致，涌现了众多规模庞大的生产企业及厂房。本次工业革命中企业得益于 3D 打印、生产系统数字化、智能化等关键技术的突破，试图在差异化产品和生产成本之间寻求平衡，探索大规模定制，在强化产品内部结构标准化的同时，辅之以多样化的外部构造，使原有大规模制造中基于成品的批量生产转化为基于零部件的批量生产，实现以低成本满足个性化需求的生产方式。在工厂体系外，本次工业革命呈现生产的社会化特征。一些发达国家已出现专门为网络设计者、用户提供制造和产销服务的社区工厂，这类工厂规模较小且设施简单，仅有几台3D打印机、雷射切割机、铣床以及喷漆台等。在这类工厂的帮助下，借助丰富的产品设计程序和模板，搭配社区网络媒体的扩散效应以及用户之间的互动机制，网络用户不需要生产车间，创新者转变为制造者的成本迅速降低。

3. 产业组织边界的融合性与模糊化

当前创新者正以前所未有的速度，运用互联网、新能源、新材料、生物等新技术以及商业模式创新，制造业和服务业之间的关系变得越来越密切。首先，制造业企业可以通过在线获取生产所需要的各类协作服务，使生产要素的配置成本降到最低。在销售过程中可以借助网络使最新产品在短时间内行销全球。更为重要的是，今后制造业企业所提供的产品中服务价值的比重将超过实体价值的比重，不再是简单的产品销售，还提供与该产品配套的包括信息系统、配套软件、操作程序以及维护服务等在内的一个完整的服务系统。与此同时，数字化发展也带来了原有服务业部门的重构，如许多服务产品原本难以储存、生产和消费需要同时进行，或者生产者与消费者需要实体接触等，都会因为信息技术而有所突破，服务业产品化的趋势日益明显。可以说，今后制造业和服务业之间不再是简单的分工关系，更多地表现为“你中有我、我中有你”的融合趋势，两者之间的组织边界也因此渐趋模糊。

4. 市场需求的多样性与个性化

一种新产品从构思、设计、试制到商业性投产，在19世纪大约经历了70年，在20世纪两次世界大战之间则缩短为40年，第二次世界大战后至20世纪60年代缩短为20年，70年代以后又进一步缩短为5～10年，而到现在只需2～3年甚至更短的时间，这种态势必然导致市场竞争焦点的快速转移。当差异化和低成本制造方式得以共同实现时，能否快速响应客户需求，极大地影响了企业的生存能力。在这个过程中，区分不同类型消费者成为必要，加上客户变得越来越挑剔，他们想得到更多的选择机会、更好的产品，速度与创新已成为企业竞争优势的根本所在。根据不同需求推行快速交货，保证高质量、低成本和重环保的市场供应便成为影响竞争优势的关键性因素。

（二）发展战略性新兴产业成为各国共识

为解决金融危机、重振实体经济，世界各国积极响应第三次工业革命，布局战略性新兴产业，特别是欧盟、美、日等发达国家和地区极具前瞻性和战略性。

1. 美国

维持新兴技术领域领导地位、夯实实体经济成为金融危机以来美国创新发展战略的核心内容。为解决金融服务业过度膨胀、实体经济空心化等问题，美国提出再工业化战略，先后出台《2010 美国制造业促进法案》、《先进制造伙伴计划》、《先进制造业国家战略计划》等计划，从重振高端制造业、促进出口、鼓励研发创新和扩大制造业就业四大推进方向着手，重点在于运用数字制造、人工智能等未来科技来重构美国制造业竞争优势。2009 年 2 月，《2009 年美国复兴与再投资法》推出了总额为 7870 亿美元的经济刺激方案，以基建和科研、教育、可再生能源及节能项目、医疗信息化、环境保护等为投资的重点。同年 8 月颁布《美国创新战略：推动可持续增长和高质量就业》政策报告，提出强化美国自主创新的基本要素、再造国家创新基础，改善创业和风险投资环境、形成利于创业的竞争市场，重点扶持清洁能源、先进车辆和健康信息等重点行业的科技创新。2011 年 2 月发布的《美国创新战略：保护我们的经济增长和繁荣》，把发展先进制造业、生物技术、清洁能源等作为美国国家优先突破的领域。在 2015 年出版的《美国创新战略》中又明确提出重点发展先进制造、精密医疗、大脑计划、先进汽车、智慧城市、清洁能源和节能技术、教育技术、太空探索和计算机新领域九大领域。2018 年 9 月，在《国家网络战略》中，指出要培育一个充满活力和弹性的数字经济来维持全球领导地位。

2. 英国和德国

英国于 2011 发布了《促进增长的创新与研究战略》，强调对合成生物学、能源高效计算、能源采集、石墨烯等具有广泛应用前景的新兴技术以及生命科学、航空航天技术、创意产业、高价值制造业、纳米技术和数字技术等具有优势的产业加大投资。2014 年 12 月英国发布《我们的增长计划：科学和创新》战略文件，把科学和创新置于英国长期经济发展计划的核心位置，计划向大数据和高能效计算、合成生物学、再生医学、农业科技、能源及储能、先进材料及纳米技术、机器人及自治系统、卫星及航天技术应用八大新兴技术领域投资 6 亿英镑。

德国在 2006 年正式出台《德国高技术战略》，确立了三类 17 个高技术创新范围，而在 2010 年 7 月通过《2020 高科技战略》，确定了气候/能源、保健/营养、机动性、安全性和通信 5 个重点关注领域。工业 4.0 是德国政府在《德国 2020 高技术战略》中提出的十大未来项目之一。2018 年德国发布《高科技战略 2025》，涵盖了健康、护理、可持续、气候保护、能源、零排放、智能化交通七个重点领域。

3. 日本和韩国

20 世纪 90 年代以来，日本经济陷入长期停滞，迫切需要注入新的活力。此次危机后，为调整经济结构与优化产业结构，提升产品和服务的附加值，减少资源能源的外部依赖，日本政府特别重视发展战略性新兴产业。2004 年，制定《新产业创新战略》，提出燃料电池产业、信息家电产业、机器人产业、数字内容产业、健康福利设备/服务产业、环境设备、服务业务外包服务七个重点领域，2010 年 6 月，公布了产业政策纲领性文件《产业结构展望 2010 方案》，提出了日本未来将重点培育的五大战略性产业领域包括基础设施相关产业、环保和能源产业、文化创意产业、尖端技术产业以及包括医疗、护理、健康和生育等在内的社会公共产业。2016 年发布《第五期科学技术基本计划》，提出以制造业为核心，灵活利用信息通信技术，基于互联网或物联网，打造世界领先的“超智能社会”（社会 5.0）。

同样地，韩国政府也积极布局战略性新兴产业，2009 年制定《新增长动力规划及发展战略》，确定发展绿色技术、尖端产业融合、高附加值服务三大领域共 17 项新兴产业，并预计在未来 5 年内将投资 189.3 万亿韩元发展信息技术应用、软件、先进制造业、广播通信、互联网基础设施五大信息产业核心战略领域，打造大企业和中小型企业一起成长的产业链。

（三）我国战略性新兴产业发展进入新阶段

从2009年9月我国政府高层提出发展战略性新兴产业的政策动议，到2010年10月颁布《国务院关于加快培育和发展战略性新兴产业的决定》，再到2012年7月出台《“十二五”国家战略性新兴产业发展规划》以及2016年出台《“十三五”国家战略性新兴产业发展规划》，战略性新兴产业发展经历了一个认识不断深化、实践日益丰富的过程。

1. 我国战略性新兴产业发展历程

（1）战略性新兴产业的政策动议。2008年金融危机后，我国政府越来越意识到传统产业的发展弊病以及我国经济、产业结构发展失衡问题的严重性。为了改变这一局面，2009年初国务院在推出“十大产业振兴规划”之际，就提出要发展新兴产业。2009年5月，时任国务院常务副总理李克强在出席财政支持新能源与节能环保等战略性新兴产业发展工作座谈会时指出，要培育战略性新兴产业来实现新的经济增长点，这是国家领导人层面第一次提出发展战略性新兴产业。随后国务院常务会议通过了《关于发挥科技支撑作用，促进经济平稳较快发展的意见》，提出围绕新能源、生物、新材料、信息、航空航天等组织企业和产业开展技术创新战略（刘宝亮，2010）。

（2）战略性新兴产业内容的讨论与调整。2009年，国家开展了一系列关于战略性新兴产业发展内容的讨论工作，国务院多次召开战略性新兴产业发展座谈会，提出战略性新兴产业是我国“立足当前渡难关、着眼长远上水平”的重大战略选择，并与产业代表、专家就新能源、节能环保、电动汽车、新材料、新医药、生物育种和信息产业等产业可能性进行了探讨。同年11月初，提出要高度重视发展新能源、新材料、生命科学、生物医药、信息网络等领域。12月27日，温家宝在中南海接受新华社记者专访时提到，“应该大力发展互联网、绿色经济、低碳经济、环保技术、生物医药，这些涉及未来环境和人类生活的一些重要领域”。从中可以看出，在这个阶段，有关战略性新兴产业的内容处于不断调整中。

（3）战略性新兴产业发展规划的确定。2010 年 2 月，国家发改委、工信部、科技部、财政部等 20 个部门和单位成立了“战略性新兴产业发展思路研究部际协调小组”和相关文件起草组，围绕战略性新兴产业的选择、技术创新、市场培育、人才培养、标准制定以及财税政策、投融资政策等问题在此后的 3 ~ 4 个月在全国范围内开展调研工作①。同年 3 月 12 日，在《政府工作报告》中提出，要大力发展新能源、新材料、节能环保、生物医药、信息网络和高端制造产业，积极推进新能源汽车、“三网”融合取得实质性进展，加快物联网的研发应用（刘宝亮，2010）。同年 9 月 8 日，国务院常务会议审议并通过《国务院关于加快培育和发展战略性新兴产业的决定》，最终确定发展节能环保、新一代信息技术、生物、高端装备制造、新能源、新材料和新能源汽车七大产业。根据《“十二五”国家战略性新兴产业发展规划》，七大战略性新兴产业增加值占国内生产总值的比重在 2015 年力争达到 8% 左右，到 2020 年，力争达到 15% 左右②。

（4）战略性新兴产业深入发展。“十三五”期间，我国经济发展进入新常态，资源环境和要素成本约束日益趋近，经济发展环境发生重大改变。信息革命进程持续快速演进，物联网、云计算、大数据、人工智能等技术广泛渗透于经济社会的各个领域。2016 年，国务院印发《“十三五”国家战略性新兴产业发展规划》，对“十三五”期间我国战略性新兴产业发展目标、重点任务、政策措施等作出全面部署安排，提出加快发展壮大新一代信息技术、高端装备、新材料、生物、新能源汽车、新能源、节能环保、数字创意等战略性新兴产业。其中，新一代信息技术、高端制造、生物、绿色低碳、数字创意五个产值规模形成 10 万亿元级的新支柱，并在更广领域形成大批跨界融合的新增长点，平均每年带动新增就业 100 万

① 各国角逐新工业革命 新能源和信息技术成共同选择［EB/OL］. 英大网，http：//www.indaa.com.cn/cj2011/sjjj/201206/t20120619_ 1068538.html.

② “十二五”国家战略性新兴产业发展规划［EB/OL］. http：//blog.sina.com.cn/s/blog_5392b625010117ja.html.

人以上。2018 年 10 月进一步对战略性新兴产业进行分类调整，建立了与《国民经济行业分类》（GB/T 4754—2017）的对应关系。我国战略性新兴产业分类如表 1 - 1 所示。

表 1 - 1　我国战略性新兴产业分类

产业类型	战略性新兴产业分类（2018）
新一代信息技术产业	下一代信息网络产业、电子核心产业、新兴软件和新型信息技术服务、互联网与云计算、大数据服务、人工智能
高端装备	智能制造装备产业、航空装备产业、卫星及应用产业、轨道交通装备产业、海洋工程装备产业
新材料	先进钢铁材料、先进有色金属材料、先进石化化工新材料、先进无机非金属材料、高性能纤维及制品和复合材料、前沿新材料、新材料相关服务
生物	生物医药产业、生物医学工程产业、生物农业及相关产业、生物质能产业、其他生物业
新能源汽车	新能源汽车整车制造、新能源汽车装置、配件制造、新能源汽车相关设施制造、新能源汽车相关服务
新能源	核电产业、风能产业、太阳能产业、生物质能及其他新能源产业、智能电网产业
节能环保	高效节能产业、先进环保产业、资源循环利用产业
数字创意	数字创意技术设备制造、数字文化创意活动、设计服务、数字创意与融合服务
相关服务业	新技术与创新创业服务、航空运营及支持服务、现代金融服务

2. 我国战略性新兴产业发展现状

根据国家信息中心的报告，2008 ~2017 年我国战略性新兴产业增长平均每年带动 GDP 增长超过 1 个百分点。2017 年我国战略性新兴产业增加值占 GDP 比重为 8.9%，比上年提高 0.6 个百分点。2017 年我国战略性新兴产业工业增加值比上年增长 11%，增速较上年提高 0.5 个百分点，高于规模以上工业企业 4.4 个百分点。作为战略性新兴产业中规模最大、创新最密集的两个产业，新一代信息技术和生物产业双双实现加速增长，两者合计占到战略性新兴产业 27 个重点行业营业收入的 57.8%，贡献了增加额的 57.5%。

（1）新一代信息技术产业。“十二五”期间我国新一代信息技术产业市场规模年均增长超过 20%，2015 年市场规模突破 5 万亿元。2016～2017 年，我国规模以上电子信息制造业增加值年均增长 11.9%，增速快于同期全部规模以上工业企业 5.6 个百分点，2017 年电子信息制造业增加值占规模以上工业企业增加值的比重达到 7.7%。2017 年，全国软件和信息技术服务业完成业务收入 5.5 万亿元，同比增长 13.9%，收入规模较“十二五”末增长了近三成。此外，信息技术与经济社会各领域跨界融合不断加深，数字经济、平台经济和共享经济广泛渗透，移动支付、网络购物和共享单车的应用处于全球引领地位。信息消费从生活消费加速向产业消费渗透，成为创新最活跃、增长最迅猛、辐射最广泛的经济领域之一。

（2）高端装备产业。2017 年我国高端装备制造业销售收入超过了 9 万亿元，在装备制造业中的占比提高到了 15%，复合增长率达到了 32.3%。在五大领域中，智能制造行业保持着较为快速的增长速度，2017 年产值规模约为 1.5 万亿元。在卫星及应用产业领域，2018 年我国卫星导航与位置服务产业总体产值达 3016 亿元，其中北斗对产业的核心产值贡献率达 80%，北斗系统已广泛应用于交通、海事、电力、民政、气象、渔业、测绘、矿产、公安、农业、林业、国土、水利、金融等领域。截至 2018 年底，各类国产北斗终端产品应用规模已累计超过 8000 万台/套，采用北斗兼容芯片的终端产品社会总保有量接近 7 亿台/套（含智能手机）。此外，轨道交通装备产业规模从 2010 年的 2410.8 亿元增至 2016 年的 4155 亿元，6 年间增长了 72%，预计到 2022 年将增长到 8725 亿元。

（3）新材料产业。2010 年我国新材料产业规模超过 6500 亿元，与 2005 年相比年均增长约 20%，2017 年达 3.1 万亿元，年复合增长超过 25%，预计到 2025 年产业总产值将达到 10 万亿元。我国自主开发的钽铌铍合金、非晶合金、高磁感取向硅钢、二苯基甲烷二异氰酸酯（MDI）、超硬材料、间位芳纶和超导材料等生产技术已达到或接近国际水平。新材料品种不断增加，高端金属结构材料、新型无机非金属材料和高性能复合材料保障能力明显增强，先进高分子材料和特种金属功能材料自给水平逐步提高。产业集聚效应明显，从追求大而全向高精尖转型，北京、深圳、上海、苏州已经成为国内四大纳米材料研发和生产基地；京津地区、内蒙古包头、江西赣州及浙江宁波等地则成为稀土钕铁硼材料的主要生产基地；武汉、长春、广州、厦门成为光电新材料的主要产业基地。

（4）生物产业。2009～2016 年我国生物医药行业销售收入不断增加，且保持了较快的增速。2017 年生物医药行业市场规模为 3417.19 亿元，较上年同比增长增速放缓，生物医药市场从 2013 年占全国医药市场的 8.7%增至 2017 年的 15.3%。我国生物医药 A 股上市公司覆盖化学原料药、化学制剂、中成药、中药饮片、生物医药、医药流通、医疗服务、医疗器械等领域，2017 年生物医药公司研发支出总计达 303.2 亿元，约占营业总收入的 2.53%，主要用于新产品的研发。

（5）新能源汽车产业。我国从 2009 年的十城千辆开始大规模鼓励和推广新能源汽车的发展。2017 年新能源汽车由示范阶段进入快速普及阶段，新能源汽车产销量均接近 80 万辆，分别达到 79.4 万辆和 77.7 万辆，同比分别增长 53.8% 和 53.3%，新能源汽车产销量占整体汽车市场的 2.7%。销量较"十二五"末增长 134.7%，连续三年居世界首位。2017 年，纯电动车和插电式混动车年销量分别达 65.2 万辆和 12.5 万辆，分别较"十二五"末增长 163.5% 和 49.5%。新能源汽车产品技术水平迈上新台阶，比亚迪、吉利、上汽等企业大量换代新产品陆续上市，新产品品质大幅提升，续驶里程已迈过 300km 门槛，售价也进一步下降，逐渐涌现一批优质产品。各类充电桩达到 45 万个，车桩比约为 3.8∶1。

（6）新能源产业。随着我国新能源产业链逐步实现国产化，设备技术水平和可靠性不断提高，产业规模的扩大，新能源度电成本持续降低。截至 2017 年底，我国风电装机容量达 164GW，占全球比重为 32%，光伏装机容量 131GW，全球占比 33%。其中陆上风电度电成本约为 0.43 元/千瓦时，较 2010 年下降 7%，已非常接近火电电价。我国光伏发电系统投资成本降至 5 元/瓦左右，度电成本降至 0.50～0.70 元/千瓦时，平均度电成本比 2010 年下降约 78%，低于全球平均水平。

（7）节能环保产业。节能环保产业是指为节约能源资源、发展循环经济、保护环境提供技术基础和装备保障的产业，主要包括节能产业、资源循环利用产业和环保装备产业，涉及节能环保技术与装备、节能产品和服务等。近年来，受国家加快推动生态文明建设、多个循环经济领域示范试点创建实施以及社会公众节能环保意识提高等多因素推动，我国节能环保产业快速增长，总产值从 2012 年的约 3 万亿元增长至 2015 年的约 4.5 万亿元。2017 年节能环保产业产值 5.8 万亿，2018 年突破 7 万亿元，预计到 2020 年节能环保产业产值将突破 10 万亿元。

（8）数字创意产业。我国首次将数字创意产业列为战略性新兴产业五大新支柱产业之一，并出台了《推动数字文化产业创新发展的指导意见》。截至 2017 年底，我国网民规模达 7.72 亿人次，普及率达到 55.8%；其中，手机网民规模达 7.53 亿人次，网民中使用手机上网人群的占比由 2016 年的 95.1% 提升至 97.5%；以数字音乐、网络文学、动漫、影视、游戏、直播等为代表的一大批新兴数字文化行业快速崛起，出现了一批极具爆发力的产业发展热点，这些典型行业在 2012 ~ 2017 年年均增速超过了 20%。消费需求升级和创新发展驱动数字创意装备和创意设计产业实现高速增长。智能手机、智能电视市场渗透率超过 80%，智能可穿戴设备、智能家居产品、虚拟现实设备等新兴数字创意装备产品种类不断丰富。

3. 我国战略性新兴产业发展面临问题

“十三五”以来，我国战略性新兴产业快速发展、成效显著，但也应清醒地看到，产业发展过程中还存在不少问题。尤其是随着贸易摩擦的增多，战略性新兴产业发展中深层次的矛盾不断凸显。

（1）产业结构不合理，高端供给严重不足。战略性新兴产业低端化发展现状普遍存在，产业尚有大量核心瓶颈环节有待突破，多领域存在“卡脖子”风险。2018 年工信部对我国 30 余家大型骨干企业展开新材料需求调研。结果显示，所需要的 130 种关键材料中，只有约 14% 可以实现自给，52% 依赖进口，而 32% 则处于空白，完全依赖进口。同样在半导体产业领域，从产业现状来看仍处于低端水平，生产的芯片产品还仅仅处于能用阶段，可靠性和品质与国外相比还有很大差距，需要从设备材料、芯片设计、制造及封测等环节全面突围。高端产品供给不足与各地低水平重复投资紧密相关。据统计，“十二五”期间我国近 80% 的地区选择发展节能环保产业，60%的地区选择发展生物育种产业，50%以上地区选择发展新能源汽车。另有调查显示，仅物联网一个领域，就有28个省份将其作为产业发展重点①。到“十三五”期间这一态势并未有改变，截至2018年3月全国31省市中已有15个发布了人工智能规划，其中有12个制定了具体的产业规模发展目标。产业选择的趋同性引发新的产业过度同构、重复建设以及产能过剩。

（2）成果转化缓慢，科技经济仍属两张皮。战略性新兴产业科技投入不断增加，但科技成果转化的整体效率不高。以人工智能领域为例，2013～2018年，全球人工智能领域的论文文献共产出30.5万篇，其中，中国发表7.4万篇、美国发表5.2万篇。但人工智能领域美国企业远超中国，截至2017年6月，全球人工智能企业达到2542家，其中美国拥有1078家，员工数达78700名，中国592家，员工数为39200名，仅占美国一半。经济与科技“两张皮”的现象的形成，一方面与科技基础研究和应用基础研究领域创新质量密切相关。论文数量多，但高引频次论文较少；专利数量多，但核心专利较少，缺乏重大原始性成就。另一方面产学研用结合的机制尚未系统确立，产业创新体系上下游之间缺乏衔接，导致很多研发成果跌入“死亡峡谷”，难以实现产业化。

（3）本土需求不足，缺乏国际竞争力。对于战略性新兴产业所提供的新产品、新服务，目前国内的消费者接受度并不高。2018年，我国多晶硅、硅片、太阳电池、光伏组件的产量分别达到了25.9万吨、107.1GW、85.0GW与84.3GW，在全球总产量的占比分别为58.1%、93.1%、74.8%与72.8%。但我国光伏发电量占全部电力消费量的比例仍然偏低，2018年我国光伏发电量占全国全年总发电量比例仅为2.5%。而在光伏发电发展历史较悠久的德国，该比例已达8.5%，在光伏输出峰值阶段，40%的电力来自光伏发电。同样在新能源汽车领域，2018年我国新能源汽车销量达到125.6万辆，占全部汽车销量的4.5%；截止到2019年6月新能源汽车保有量约344万辆，对比传统燃油车2.5亿辆的保有量，新能源

① 中国社会科学院工经所．中国工业发展报告（2012）——“十二五”开局之年的中国工业［M］．北京：经济管理出版社，2013.

汽车渗透率不到 1.4%。与此同时，在“走出去”过程中，对海外法律、税制、财务等制度环境不熟悉已经成为制约战略性新兴产业企业开拓海外市场的重要因素。对国际市场准入的技术壁垒和政治干扰因素准备不足，知识产权运营体系不健全，在国际化过程中经常面临知识产权诉讼风险。

二、相关文献综述

（一）战略性新兴产业概念与特征

1. 战略性新兴产业概念

战略性新兴产业是我国提出的用于追赶、抗衡和超越国际先进和前沿科技的产业领域（姚潇颖，2017）。战略性新兴产业的理论基础起源于 1958 年发展经济学家赫希曼提出的战略产业概念。战略性新兴产业是指产业的关联度大，对其他产业有辐射带动作用，能够对国家或地区未来经济社会的可持续发展发挥重大引领和带动作用的产业。战略性新兴产业对于国家综合实力提升具有重大作用，是从国家整体利益出发，突出维护国家发展利益、安全利益和国家的国际地位，是关系到国家的经济命脉和国家安全，关系到国家在世界经济、政治、军事事务中的战略行动。

新兴产业是指处于产业生命周期的萌芽阶段与成长阶段的新产业。迈克尔·波特认为，“新兴产业形成的原因是技术创新、相对成本关系的变化、新的消费需求的出现，或其他和社会的变化将某个新产品或服务提高到一种潜在可行的商业机会的水平”（波特，2005）。新兴产业的概念有狭义和广义之分，狭义的新兴产业是指依靠高科技成果发展起来的高新技术产业；广义的新兴产业是指那些运用先进科技成果而建立起来的对经济具有很强主导作用的产业（黄南，2008）。

战略性新兴产业源于重大的科技创新，技术原创性越强，产业发展不确定性也就越高，但是战略性新兴产业一旦突破就能在相当长的时间内保持强劲的竞争力，存在巨大的市场潜力，并能有效带动其他相关产业的发展。战略性新兴产业具有很强的科技进步引导能力，知识技术密集、物质资源消耗不大、成长潜力大（李金华，2011），而且在发展过程中也形成了较强的集聚效应（王珏辉，2014）。在一定程度上，战略性新兴产业可以看作战略性产业和新兴产业两个概念的结合（吕铁和贺俊，2013），首先是作为战略性产业来考量的，其次强调了它作为新兴产业的性质，但战略性新兴产业并不是战略性产业和新兴产业的简单叠加（曲永军，2014）。

2. 战略性新兴产业特征及与其他产业的联系与区别

（1）特征。战略性新兴产业既具有战略性产业所特有的重大性、长远性和未来性等特征，又具有新兴产业所特有的技术先进性、作用新颖性等特征（马楠，2016）。李晓华和吕铁（2010）、闫俊周等（2019）指出战略性新兴产业具有战略性、不确定性、正外部性和复杂性等特征，在发展过程中要与传统比较优势相结合、采取开放式发展模式并大力实施知识产权战略。Perez（2009）指出发展战略性新兴产业的关键在于挖掘和评价现有的技术集。朱瑞博（2010）指出我国培育战略性新兴产业关键要把握技术经济新范式的内在要求和发展趋势。欧雅捷、林迎星（2010）指出战略性新兴产业发展的核心是战略性新兴技术的产业化。不同于一般技术，战略性新兴技术发展存在高度不确定性和动态性，并能带来“创造性毁灭”（Creative Destruction）（方荣贵等，2010）。万钢（2010）、袁天昂（2010）以及张嵎喆、史建生（2010）等着重关注了战略性新兴产业培育的对策问题。具体而言，战略性新兴产业的特征包括以下三点：

1）战略性新兴产业具有全局性的特征，而这种全局性包含了前瞻性、创新性、潜导性。因为战略性新兴产业发展关系到国家经济社会发展的全局，能够促进产业结构转型升级、经济增长模式转变，关系到整个国家的利益。而且战略性新兴产业有别于传统产业，更加突出产业创新性，能够引领资金投放、人才集聚、技术研发等。战略性新兴产业不仅代表未来科技发展的方向，也意味着未来应用市场潜力巨大，产业带动性强劲。

2）战略性新兴产业发展具有风险性的特征。一方面，战略性新兴产业发展以科技创新为核心，技术创新总存在潜在的风险，成功就能带来“破坏性创造”，出现新企业、新技术、新产品，但失败的代价也是非常巨大的。另一方面，科技创新对于整个社会的影响也存在较大的不确定性，虽然能够推动生产力提升，但在社会伦理等方面也存在着挑战。譬如，人工智能赋能经济发展，能够提高全要素生产率，但从社会伦理等角度来讲也存在着不确定的风险。

3）战略性新兴产业发展具有动态性的特征。战略性新兴产业发展并不是静止的，而是在不断动态演进的，这与技术创新的迭代更新密切相关。龚惠群等（2011）指出战略性新兴产业发展要与社会经济发展阶段相适应，背后的逻辑在于战略性新兴产业发展应当与时俱进，是动态演变的。林学军（2013）指出战略性新兴产业具有区域性等特征，但也会根据区域的要素禀赋不断调整，从而实现动态最优。

（2）联系与区别。针对战略性新兴产业的概念以及特征，可以明确战略性新兴产业与主导产业、支柱产业、高新技术产业等概念既有联系又有区别：

1）战略性新兴产业与主导产业。主导产业是指在经济发展过程中或者在工业化的不同阶段上出现的一些影响全局的、在国民经济中居于主导地位的产业部门。主导产业虽然具有战略性但并不一定是新兴产业，战略性新兴产业可以作为先导产业来培育，最终的发展态势是演变成主导产业。

2）战略性新兴产业与支柱产业。支柱产业是构成一个国家或地区产业体系的主体、在国民经济中占有较大份额、对经济增长发挥重大推动作用的产业。支柱产业在国民经济中的支柱作用以及对经济增长的推动力主要通过其产业规模体现出来，即现在比重大的产业就是支柱产业，即便比重呈下降趋势，只要比重还较大，仍可称之为支柱产业，并不一定对其他产业具有较强的带动作用。

3）战略性新兴产业与高新技术产业。研发强度是判断一个产业是否是高技术产业的最主要指标。按照 OECD（经济合作与发展组织）的标准，研发强度超过 5% 的产业是高技术产业。就涵盖范围而言，高技术主要包括三个方面：一是现代尖端技术和前沿技术；二是发展中的新兴高技术；三是已经成熟并进入产业化阶段的高技术。

（二）新兴技术产业化机制研究

1. 新兴技术产业化的特征与模式

新兴技术的本质是一种同时满足技术不连续和市场不连续两个方面特性的技术创新，具有显著边际效应及较大的性能突破力（高建和魏平，2007；张敬文等，2018）。从现有文献来看，新技术产业化主要有三种模式，而这也是我国战略性新兴产业发展的三种主要模式。

（1）创新发展，新技术产业化之后通过技术创新、产品创新来推动产业创新发展（王利政，2011）。刘志彪（2012）指出我国战略性新兴产业应走产业高端化的发展模式，避免重蹈低端加工制造业的覆辙。若想实现产业的高端化发展，就要立足于全球价值链的各层级，寻求创新推动产业化发展。在此过程中，只有依靠强大的科技研发能力才能实现战略性新兴产业持续健康发展，增强创新模式产业化水平（申俊喜，2012）。

（2）集群发展，主要倡导新技术产业化或者战略性新兴产业发展以集群为主要模式，充分发挥技术外溢效应以及规模效应。喻登科（2012）等的研究表明，各地区需要根据自身要素禀赋进行技术研发，由此选择性地发展战略性新兴产业，通过形成单核、多核或星形的战略性新兴产业发展模式。不仅区域地方层面发展如此，国家层面对于新技术应用的发展也会采取产业集群方式，主要从技术创新驱动、产业创新联动以及技术园区升级三种实践展开（涂文明，2012）。

（3）融合发展，将新技术与产业结合起来，同时将战略性新兴产业与传统产业进行融合发展。将高技术应用于传统产业，实现产品在设计、制造工艺、生产原料等方面形成新的分工，由此来实现地区优势产业完全发展（林学军，2012）。这种路径根本点在于进行传统产业的转型升级，如数字经济赋能传统产业转型升级。但新技术作为战略性新兴产业的支撑，也可以独立培育新的产业，由此来推动区域产业转型升级。在这个问题上，处理好民用和军用两个市场，依托两种资源发展战略性新兴产业，实现融合发展模式（乔玉婷和曾立，2010）。

2. 新技术产业化的影响因素研究

技术创新的低产业化根本原因在于技术商业化开发和应用缺乏行之有效的机制（张世贤，2005）。邢小强和仝允桓（2010）指出新技术商业化过程面临市场、技术以及技术进步三方面的不确定性。R&D 投入不足、技术不成熟、决策管理协调不够、科技评价目标不一致、权益分配不当、法律制度缺乏，中介机构力量薄弱等被认为是引发高技术低产业化的重要因素（吕海萍等，2004；金海军，2004；游文明等，2004）。新技术产业化既受到产业生命周期演变的规律影响，同时也离不开外部市场环境的影响。在研发时期，更重要的是宏观政策支持；在成熟时期，产业集群必须通过自身发展形成集群效应，市场化的影响作用就不断加大。但从整个周期来看，自然资源要素禀赋、科研创新能力、产业基础水平、市场需求能力、政策保障力度等影响着新技术产业化，或者说影响战略性新兴产业培育（李勃昕，2013）。

关于市场需求影响新技术产业化的研究。市场需求能够直接引导新技术产业化的方向，也决定着战略性新兴产业发展的方向。在整个市场需求中，需求创新政策具有关键性的作用（Aschhoff，2009）。刘志彪（2011）指出战略性新兴产业发展离不开政府的需求创新政策支持，一定程度上而言，某些新兴产业的创新发展就是政府创新政策推动的结果。而政府对于市场需求的引导，包括政府采购、价格补贴等（李姝，2012）。所以，新技术产业化或者战略性新兴产业发展亟须充分认识政府政策引导，又需要发挥这种引导的作用，形成合理的发展规划，引导新技术产业化发展，从而加快推进战略性新兴产业发展（李燕萍，2013）。

关于技术研发影响新技术产业化的研究。从本质原因而言，新技术产业化的根本性在于研发服务，新技术产业化的关键是合作研发。Motohashi（2005）、Glaister 和 Buckley（2008）等都指出新兴产业培育需要研发活动，新技术产业化也需要研发，而且合作研发具有很好的促进作用。通过与外部主体开展合作，既能够从外部主题获得更多显性与隐性知识，又能够降低组织学习的成本法，从而提高企业的竞争实力。Bercovitz 等

(2007) 讨论了组织形式、技术许可与科研活动的协调能力、激励性联合能力的影响作用。Siegel 等 (2003) 提出大学和企业之间的信息和文化差异是影响技术转让过程的重要因素。也有不少学者承接 Von Hipple (1994) 粘滞信息的理念，从知识整合角度论述高新技术产业化问题。

关于区域要素禀赋影响新技术产业化的研究。新技术产业化是战略性新兴产业发展的重要基础，新技术产业化或者战略性新兴产业发展受到内因和外因共同作用的结果，即自身逻辑演变与社会形塑互动作用产生的（刘玉红等，2013），这种形塑在地域层面会发生不一致，所以导致战略性新兴产业的空间分布存在差异性（韩跃，2014）。生产性服务业是新技术产业化的重要基础（Blinder，2006），发展战略性新兴产业，必须建立起创新体系和服务体系，即必须有更为健全的生产性服务产业（张路蓬，2017；Park & Kim，2003；Ellison et al.，2010）。从实践来看，各地生产性服务业的薄弱一定程度上限制了战略性新兴产业的发展（王昌林，2011；贺正楚等，2012）。

（三）战略性新兴产业技术链与产业链治理

1. 技术链与产业链治理研究

林森等 (2001) 提出技术链是包括选题分析能力、R&D 人力资源、R&D 手段资源、R&D 资金资源和 R&D 集成能力的连续过程。产业链的需求变化对技术链存在重要拉动作用（高汝熹等，2006），产业链的低端嵌入将使对应研发发生萎缩（刘志彪、张杰，2009）。在新市场环境下，产业链、技术链相互协作，有利于实现功能互补、资源共享，推动战略性新兴产业的可持续发展（Inoue et al.，2017）。不少学者认为我国产业链潜藏的非稳定因素在很大程度上来自产业链内部的技术协同性风险和信息协调成本（汪延明、杜龙政，2010）。关于技术链和产业链治理，林森等 (2001) 指出技术链和产业链失衡可以通过技术链向后延伸，产业链向前延伸以及双链对接等方式解决。洪勇和苏敬勤 (2007) 指出发展中国家产业链与技术链协同发展应以产业发展拉动技术进步模式开展，并逐步向技术进步推动产业发展转化。杜龙政 (2010) 认为技术主导型产业链治理是最为复杂也是我国最为缺乏的治理形式，强调通过提高对于技术问题的关注度、依赖核心企业掌握技术主导权以及纵向整合整个产业链的研发资源实现双链融合。朱瑞博（2010）指出促进双链融合的战略举措包括投融资体制机制创新、搭建新型产学研合作机制、开放式创新网络以及加快高新技术产业化的企业加速器建设等。郑湛等（2015）基于提出平台生态系统是指由特定核心能力的领导者和相关利益者自行组织构筑的价值网络，其围绕平台间相互合作以及伴随生态体系机制的形成所发展成为的有机系统为技术链、产业链融合治理提供了载体。

2. 政府对战略性新兴产业发展治理的作用研究

在战略性新兴产业发展过程中，新兴技术对经济的促进作用与技术投资的次优选择需要政府发挥作用加以调节和治理。政府能够有效地帮助产业生态系统改变制约因素，使其更加有利于协同关系的形成（Green et al.，2006）。这使得政府干预成为与市场机制相互替代的配置资源的制度安排，通过借助政府的力量来塑造和培养战略性新兴产业的技术比较优势（吴金希等，2012）。一般而言，政府对于战略性新兴产业的治理机制主要体现在人力资源保障机制、公共服务平台支撑机制、市场环境的监管机制和创新资源积聚机制（Hu，2012；汪英华，2016）。政府对于战略性新兴产业治理会具有积极作用，能够引导重大攻关方向发挥出积极的作用（刘澄等，2011）。

落实到具体支持模式方面，政府支持战略性新兴产业发展主要分为三种模式：一是产业园区建设，重点包括产业选择、龙头企业选择、园区建设等，其中关键的步骤在于对战略性新兴产业的选择，明确发展的定位（贺正楚等，2011）。Steger（2000）认为创新生态化是实现国家、产业和企业可持续发展的重要手段之一。为了发展战略性新兴产业，政府会建设产业园区，聚集大批专业化人才、科研机构、生产企业，进行专业化的技术引进，尤其是培养龙头企业带动区域发展，也突出产业园区的平台价值和企业的龙头价值（李胜会等，2011；Ewers et al.，2010；Connell et al.，2014）。二是创新平台建设。Sweden（2007）、Thomas（2010）等认为创新平台是促进战略性新兴产业发展的重要模式。因为产业的创新创业活动以及发展治理需要多种资源和服务需求，平台能够提供很好的整体化解决方案（Pappas et al.，2006）。加快创新平台建设、实现创新资源整合是国家科技管理工作重点，同时也是培育与提升战略性新兴产业创新能力的重要支撑，因此创新平台应具有完善的体系架构和服务功能（姜义平，2012）。三是政策支持，包括知识产权与技术等标准制定、科技计划制定等。在标准制定上，政府应制定适用于产业不同发展阶段的政策体系，其中，面向知识产权和技术标准的政策尤为重要，政府部门利用技术标准，引导产业创新行为，实现技术集成与有效对接，加快实现战略性新兴产业发展（Hansen，2002）。费钟琳等（2013）对产品生命周期的各个阶段进行分析，指出各阶段都需要政府推进指定相应的产业标准、保护知识产权等，保障产业良性发展。

三、研究目的和框架安排

在新一轮工业变革背景下，大力发展战略性新兴产业是我国破解制约经济社会发展的突出问题和应对国内外激烈竞争的重要手段，是我国应对金融危机、着眼长远发展的重大战略选择，既能支撑当前经济社会发展，更能引领未来经济社会可持续发展。当前产业的竞争不仅表现为单个企业之间竞争，更多演绎为企业所加入的产业链之间的竞争。现有研究关注到了技术链和产业链融合在战略性新兴产业培育过程中的重要性，并就融合机制进行初步探讨，但仍存在以下几个方面的不足：一是未能区分单一技术产业化机制与基于链条间融合机制的差异性，并未反映链条治理的复杂性与动态性；二是对技术链和产业链融合机理、实现路径缺乏系统性分析；三是技术链和产业链相互间关系极为复杂，需要结合具体战略性新兴产业发展案例深化研究。因而，面对我国战略性新兴产业发展困境，围绕战略性新兴产业技术链、产业链双链融合问题开展研究，深入把握两者融合过程与规律、系统构建融合的机制与路径，在理论上有利于建立一套科学的创新管理方法，在实践中可提供决策借鉴。鉴于此，本书从我国战略性新兴产业发展现状和问题出发，基于产业经济学、技术经济学、区域经济学等理论基础将战略性新兴产业发展困境描述为技术链与产业链之间双链失衡，在明确双链失衡具体表征、内在成因的基础上，分析从双链失衡走向双链融合的实现逻辑和多重支撑机制，并从主体、组织、空间、政策四个层面探索双链融合的实现路径与对策建议。本书结构框架如图 1－1 所示。

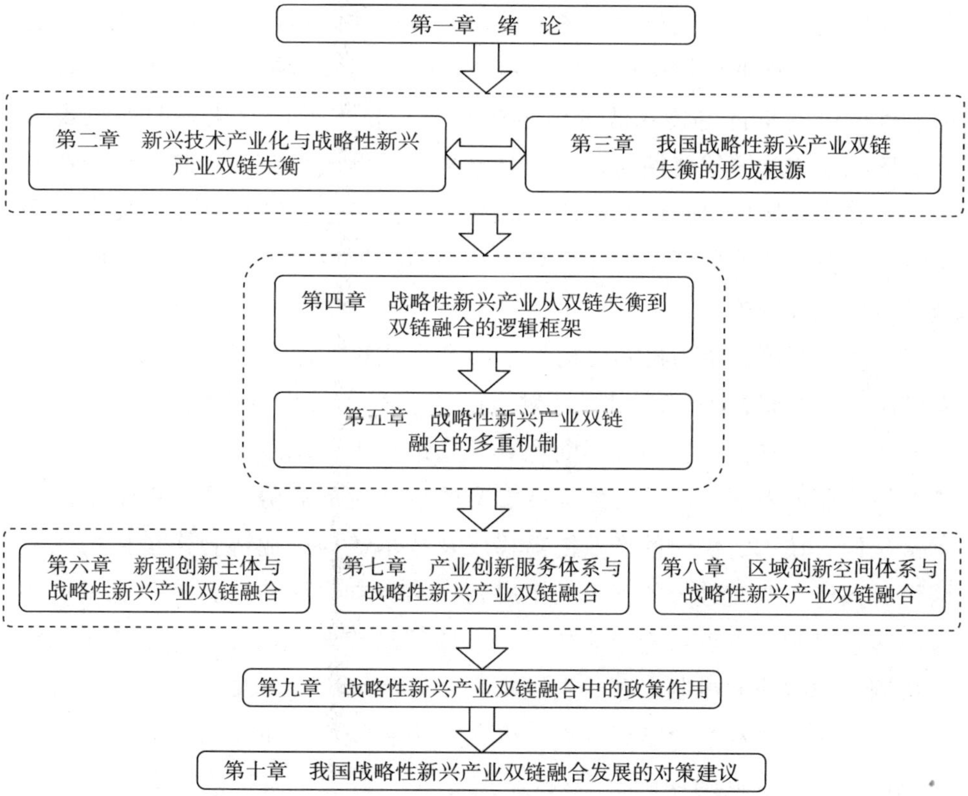

图 1－1　本书结构框架

第一章为绪论。从新工业革命历史机遇、全球竞争态势以及我国实践阶段入手阐述战略性新兴产业发展背景及面临问题，明确研究的现实意义。结合战略性新兴产业概念与特征、新兴技术产业化机制以及技术链与产业链治理相关文献回顾，提出培育和发展战略性新兴产业的关键在于形成完善的产业链，而完善的技术链是支撑产业链形成、掌握产业发展主导权、实现可持续性的关键所在。以技术链和产业链的融合机制和路径为研究对象对破解我国战略性新兴产业发展面临的困境有着重要的理论意义和实践价值。

第二章至第三章为问题剖析。第二章为新兴技术产业化与战略性新兴产业双链失衡，结合新兴产业发展的一般规律以及战略性新兴产业发展特征，将我国战略性新兴产业发展困境归因为技术链与产业链的失衡，并提出战略性新兴产业双链失衡包含技术节点空白与技术链断裂、非自主技术限制性生产、非自主技术低价值生产和自主技术低产业化率四种表现形态。第三章为我国战略性新兴产业双链失衡的形成根源，主要基于企业层面分工和产业层面协作将双链失衡的成因概括为企业独立创新与技术市场信息不对称、合作创新中的知识粘滞性和利益失衡以及基于技术链的产业链整合者缺失等方面。

第四章至第五章为机制建构。第四章为战略性新兴产业从双链失衡到双链融合的逻辑框架，提出双链融合的实质在于实现技术链的高转化率、产业链的高附加值以及通过不断理顺产业链技术供求双方关系，形成技术链支撑产业链发展、产业链反哺技术链的良性发展态势。产业链供给的技术链延伸、技术链供给的产业链前移以及技术链与产业链合作搭接构成战略性新兴产业双链融合的三大基本思路。第五章为战略性新兴产业双链融合的多重机制，重点讨论企业技术—市场信息传递机制、合作创新知识整合机制、利益协同机制以及后发国家产业链治理机制四大支撑机制。

第六章至第八章为路径探索。第六章为新型创新主体与战略性新兴产业双链融合，着重阐述研发型/科学型企业、新型研发机构以及平台型企业对战略性新兴产业双链融合的重要价值，提出创新活动的复合化以及创新功能高端化，使得新型创新主体能够在原有单链模块供应基础上，衍生出了单链架构创新、跨链模块供应以及跨链架构创新三方面的积极作用。

第七章为产业创新服务体系与战略性新兴产业双链融合，提出产业创新服务是推动战略性新兴产业双链融合的关键一环。完善的产业创新服务体系能够通过把高校院所的科研成果与技术需求紧密结合，把科研人员与企业紧密结合，把科技创新与金融资本紧密结合，为战略性新兴技术创新和产业发展提供强大支撑和动力。第八章为区域创新空间体系与战略性新兴产业双链融合，指出区域创新空间体系在适应战略性新兴产业发展过程中，呈现出由单一类型到多元类型、由简单功能到复合功能、由散点分布到体系协同的发展态势。孵化园、特色小镇、科学城、科创大走廊等不同尺度的创新空间承担着差异化功能，创新空间有效关联能够为集聚创新创业资源、促进各类创新主体之间良性互动提供有力的空间资源支撑，是推动战略性新兴产业双链融合的重要抓手。

第九章至第十章为政策建议。第九章为战略性新兴产业双链融合中的政策作用，主要从理论层面论述战略性新兴技术链和产业链的形成演进不同阶段中的政策作用，并结合发达国家实践经验、我国既有政策重点与存在问题，提出战略性性新兴产业双链融合的相关政策需在传统思路的基础上实现四大转变：技术创新政策从树立标杆转向形成体系、市场培育政策从出口导向转向内外并举、产业组织政策从促进集中转向培育生态、空间布局从投资激励转向区域协调。第十章为我国战略性新兴产业双链融合发展的对策建议，着重从技术体系、企业梯度、消费市场、发展环境四个方面对驱动我国战略性新兴产业优化发展与双链融合提出相关对策建议。

第二章

新兴技术产业化与战略性新兴产业双链失衡

战略性新兴产业的发展从本质上来看是新兴技术产业化的演进历程，新兴技术最终能否形成一个产业决定了战略性新兴产业能否由萌芽状态发展成为国民经济中的主导产业。尽管目前我国战略性新兴产业进入深化发展期，但是呈现出了如传统产业般的发展弊病，究其原因在于新兴技术产业化演进过程中出现了困境。结合新兴产业发展的一般规律以及战略性新兴产业发展特征，本书将这种困境描述为战略性新兴产业的双链失衡现象。

一、技术链、产业链与战略性新兴产业发展

（一）战略性新兴产业发展内涵：新兴技术产业化

新兴产业发展以新兴技术为起点，以技术产业化为最终目标，注重或推崇的是一个新兴技术所能产生的经济价值，一个无法被产业化的技术虽仍然是发明创造，但对经济社会影响较小。新兴产业发展是一系列相互关联的经济行为所组成的复杂系统，这个系统的演进存在纵向和横向两个维度（见图 2－1）：在纵向上，新兴技术产业化是新兴技术的深化演进。由主观技术构想、创意而产生的技术发明是技术的初始形态，经过设计、试制和试验加以

客观化、物质化，成为生产技术。而多种生产技术的综合，即完成生产技术的体系化成为产业技术（远德玉，2000）。在横向上，新兴技术产业化体现为新兴技术扩散和产业规模的变化。新兴技术在创新主体之间的逐步扩散，从单个企业生产到多企业生产、单产业从小到大、从不成熟到成熟，并慢慢向其他产业渗透，实现产业群的突破和产业结构的优化调整（方慧敏，2008）。

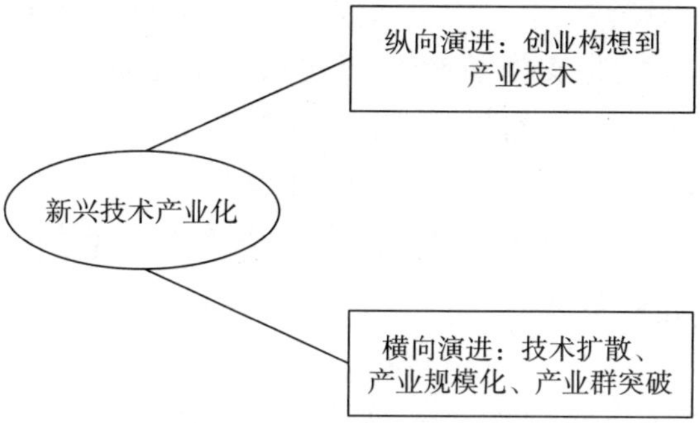

图 2－1　新兴技术产业化内涵

在这个系统中，首先，技术特征是最基础性的影响因素，是引领新兴产业由低向高发展和决定产业成长速度的根本因素，决定了新兴产业发展方向和发展潜力，只有具有先进性、创新性以及强渗透性的技术才能为产业化的成功创造可能性。其次，市场需求决定了新兴产业规模。产业的形成必须要有一定的规模，这种规模来自市场和社会的认可和接纳。产业化是对技术的社会整合过程，也是对公众的社会调适过程，通过整合和调适，新兴技术被社会所接受，被公众所认同（方红，2010）。除了技术特征及市场需求等经济因素外，技术产业化过程还受到政治、社会、文化、环保等众多非经济因素的影响。在很大程度上，非经济因素决定了新兴产业的可持续性，只有与社会经济、文化、生态环境和谐相容并且能对其产生良好促进作用的技术才能最终实现其产业化。

（二）技术链与产业链的概念及关联

1. 技术链的概念和结构

关于技术链的概念（见图 2－2），理论研究表明存在两种形式：一是以技术的进化为线索，基于各种技术本身承接关系所形成的把科学理论与各种技术联系起来的链条。王兴元和杨华（2005）指出，“纳米技术可以拓展到新型建材及涂料、电子信息、生态环保、新能源、生物医学工程等领域，新型建材及涂料领域包括建材业、化工业、纺织业和制造业等”。二是以产品功能为线索，依据上下游产品关联所形成的技术关联（Arthur，2009；高汝熹等，2006；刘康和曾繁华，2011）。这种技术链涉及的一系列相关技术的序列链接，为“生产过程中的有关企业链接成网”架设了结构，奠定了基础，完整支撑着整个产业活动的全面开展（王发明和毛荐其，2010）。对于这类技术链，彭双等（2012）给出了较为完整的定义：“以满足市场需求为导向，基于技术知识在上、中、下游技术主体（包含企业、研发机构等）之间流动而形成的链式结构，其目的在于实现不同主体间的技术对接和整合。”

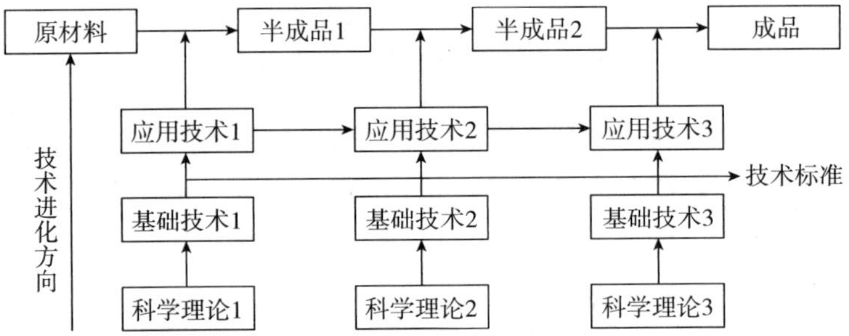

图2-2　技术链的概念

涵盖技术链的是无形的知识和技术流，不过不同环节知识和技术所占比例不同，知识和技术分布的差异性构成了技术链的层次性，如在某些环节需要大量最新的知识和技术，而在其他环节可能只需要标准化和常规的技术。正如Arthur（2009）所述，“技术具有层级结构：整体的技术是树干，主级集成是枝干，次级集成是枝条，最基本的零件是更小的分枝”，“除了核心概念或者逻辑作为支撑外，还需要支撑程序和子程序系统”。王发明和毛荐其（2010）指出技术链是围绕核心技术，基于技术配套的技术创新体系。基于数字视频产业案例研究，温珂和林则夫（2004）根据产业技术流动将其区分为核心技术、实现技术、集成技术以及服务技术等。路风（2006）将技术按照从原理到应用解构为基础技术、核心元件技术和终端产品技术。秉承 Henderson 和 Clark（1990）等的研究，朱方伟等（2008）将技术理解为元件知识和架构知识的集合，并提出技术链涵盖了主导设计（技术标准）、核心元件技术和产品架构技术三个主要技术环节。洪勇（2007）等从产业和技术协同的视角将技术理解为由关键制造技术、核心元件技术和产品架构技术组成的技术链。

2. 产业链的概念和结构

产业是具有某种同类属性的企业经济活动的集合，产业链是社会分工发展到一定阶段的产物。当一体化的交易成本和生产成本高于专业化分工时，一体化开始瓦解、各个功能环节开始分离，由不同的独立市场主体经营、逐步形成产业链（纪云涛，2006）。亚当·斯密在《国富论》中就提出“工业生产是一系列基于分工的迂回生产的链条”。

关于产业链的定义，赫希曼（1958）从产业的前向联系和后向联系的角度进行了论述，指出无论是产业的前向联系或后向联系都存在一个投入产出关联度最高的产业，这些产业相互联系构成了产业的关联链。荷利汉（1988）认为产业链是始于供应商，经生产者或流通业者，终于消费者的物质流动。同样地，史蒂文斯（1989）将产业链视为连接供应、制造、分销商以及客户的系统，在这个系统里贯穿着物质、信息的流动。在国内研究中，“产业链”一词最早见于姚齐源和宋武生（1985）的《有计划商品经济的实现模式——区域市场》一文。郁义鸿（2005）指出产业链是按照生产逻辑构成的一条完整链条，从最初的矿产资源或原材料一直到最终产品到达消费者手中，包含由上下游产业之间的纵向关系以及两个并行产业之间的横向关系所构成。芮明杰（2006）将产业链定义为，资源通过若干产业层次不断向下游产业转移直至到达消费者的路径，反映了企业为生产最终产品（服务）所经历的增值活动过程。

在产业链的研究中，不少学者就产业链和价值链的关联性进行了论述，Porter（1985）认为企业的价值创造活动包含两部分：一是生产、营销、运输和售后等基本活动；二是原材料供应、技术、财务、人力资源等支持性活动，这些活动在公司价值创造过程中相互联系。杜义飞（2005）

指出产业链是一个相对宏观的概念，存在结构属性和价值属性。杨锐（2012）指出产业链结构取决于社会分工程度，价值链是在既定产业链结构下的价值创造活动，同时，某些价值环节又会社会化为特定的产业，演变为产业链的一个环节。纪云涛（2006）指出大多数产业链的价值纵向分布状况是非均衡的，价值链反映了产业创造的总体价值在每个可供选择的细分领域的分布状况（见图2-3）。

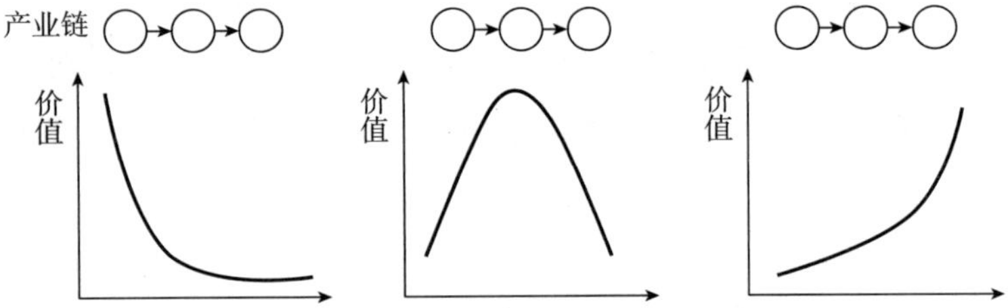

图2-3　产业链及其价值非均衡性

3. 技术和产业链内在关联

在战略性新兴产业发展中，技术链是产业发展的内核，产业链是把这种能力引入新市场并实现价值的媒介，技术链离开了产品及其功能也就没有技术链了。正因如此，Arthur（2009）指出技术链的两个方向的末端都要归结为产品功能，都是为了实现终端产品的功能，当技术链由生产它们的公司来表现时，就界定了一个产业及产业链。技术链与产业链之间存在复杂对应关系。

（1）完备的技术链是产业链形成发展必不可少的条件（于志伟，2015）。技术链的技术创新能力代表了整条产业链上的所有企业的技术创新能力，技术链的整合和成熟程度是企业技术可持续创新能力的标志（刘康和曾繁华，2011）。当技术链发生调整时，产业链的结构随之变化。

1）企业数量的变化。Gort和Klepper（1982）通过对46个产品73年的时间序列数据进行分析，对市场中厂商数目变化的考察发现，产业内企业数量随着技术演进呈现厂商引入、大量厂商进入、厂商数目稳定、大量厂商退出和成熟五个阶段变化。在早期阶段，随着技术不断突破，产业回报率得以提高，大量企业被回报率吸引而选择进入，使产业迅速成长、产业规模得到扩张，促进新的产业兴起和产业链形成，而当某环节技术趋于成熟甚至衰退时，生产率提高速率和成本降低速率趋于减缓，回报率的降低会淘汰出相应企业，再一次改变该环节的市场结构和竞争行为，带来产业链结构的调整（见图 2-4）。

2）产业链分工状况。随着技术链的演进，产业链逐步从一体化转向专业化分工，在一个产业刚刚兴起时，企业无法从市场中直接获得所需要的投入品，其产品也通常并未被下游企业或消费者所广泛接受，此时产业内的企业往往由其上下游或互补企业创办，产业链的一体化程度较高（Stigler，1951）。随着技术逐步成熟，产品逐步标准化、模块化，降低了产业内上下游企业所需要投入的专用性资产规模，使得市场逐渐变成比企业更有效的组织架构，产业链的一体化结构逐渐解体。

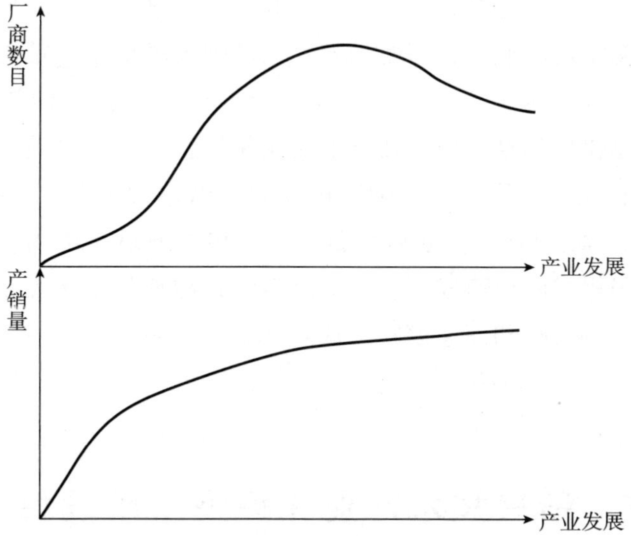

图 2-4　新兴产业规模与厂商数目的演进

（2）产业链分工的背后是技术和知识的分工。由知识共享、交互所形成的外部性导致了产业链的整合与分化。随着社会分工的日益细化，产业活动需要来自众多产业的技术、投入和设备支持。技术关联制约并决定了产业关联，没有技术就无法获取相应的产业价值（远德玉，2000；王发明和毛荐其，2010）。Arvanitis 等（2008）对产业链上的技术和知识转移活动进行了研究，提出技术和知识在进行合作的科研院所与企业间转移是技术与产业链协同的表现。当大多学者研究产业链和价值链关联时，恰恰忽略了产业链和价值链背后的技术链，正是由于技术链的存在才导致产业链的价值非均等性。刘志彪和张杰（2007）指出在技术链上投入最多、具有核心研发能力的企业在产业链中占据高端环节，能够利用其在产业链中的控制地位来实现创新投入和沉没成本的充分补偿。杜龙政等（2010）将产业链划分为资源驱动型、市场主导型和技术主导型三类，提出我国技术主导型产业链的治理最为紧迫，产业链核心企业应掌握技术主导、纵向整合整个产业链条的研发资源，横向整合大学、科研院所、外企等外部研发资源，使得技术战略真正符合未来发展方向。

（3）技术链与产业链之间并非一一映射。换言之，不是所有科研成果都可以顺利地实现产业化，即便是最为先进的技术也不一定能成长为最有前景的产业。这是因为产业核心技术需要其他众多技术的相互配合与支持。此外产业化也具复杂性，在技术商业化过程中，从早期用户少量采用到大众用户的规模应用存在着创新设计的“摩尔鸿沟”（Moore，1996）。若无法跨越“摩尔鸿沟”，战略性新兴产业很难通过从市场获取收益的方式实现自我积累式的快速成长。这个鸿沟的跨越依托市场需求，主要涉及用户需求、市场策略和商业模式等众多挑战。

二、新兴技术产业化模型及阶段特征

（一）新兴技术产业化模型

新兴产业发展是众多技术和创新产品竞争的过程，在技术演进的同时，产业也基于系列技术进步逐步成长、发展直至成熟。与新兴技术演化相关的三个标准模型分别是 Vernon（1966）提出的产品生命周期理论、Utterback 和 Abenathy（1975）提出的技术生命周期理论（A－U 模型）以及 Hamilton（1985）提出的新兴技术演进模型。

1. 产品生命周期理论

产品生命周期（Product Life Cycle）由哈佛大学教授雷蒙德·维农（R. Vernon）于 1966 年在《产品周期中的国际贸易和国际投资》一文中提出。维农认为产品和生物一样具有生命周期，并将产品周期从该产品进入市场起划分为三个阶段：成长阶段、成熟阶段和标准化阶段。在国际市场范围内，某一产品在不同的技术水平的国家里所处的生命周期不同，期间存在一个较大的差距和时差。这一时差反映了同一产品在不同国家市场上的竞争地位的差异。在产品成长阶段，主要是本地创新、生产和消费，发达国家以国内市场上的高消费为目标，制造出创新产品。在成熟阶段，随着经验和技术的积累，产品的设计和生产有了标准化因素，模仿者开始出现，国内市场趋于饱和，产品出口以及境外直接投资增多。在标准化阶段，企业优先考虑的是新一轮技术革新和产品换代。原有产品逐步从发达国家扩散到发展中国家，降低成本成为对外投资决策的核心因素。

2. 技术生命周期理论

Utterback 和 Abenathy（1975）在对以产品创新为主的持续创新过程的研究中，提出了著名的描述产业技术创新分布形式的 A－U 创新过程模型（见图 2－5）。该模型将产品生命周期和技术创新活动相结合，并引入主导设计的概念将技术的这种演进过程划分为流动阶段（Fluid Phase）、转化阶段（Transitional Phase）和专业化阶段（Specific Phase），流动阶段和转化阶段技术创新的鲜明特点分别是经常性的重大产品创新和重大过程创新，其分水岭是主导设计的形成（贺俊和吕铁，2012）。在流动阶段，彻底的产品创新很频繁，新的技术常常是粗糙的，在该阶段产品彻底失败危险最大。在转化阶段，重大的工艺创新很频繁，并趋向于一种主导产品设计和大批量生产的转化。在专业化阶段，重大产品的工艺创新较少，市场越来越成熟，价格竞争越来越激烈，在该阶段只有引入重大创新才能再次焕发起产品活力。

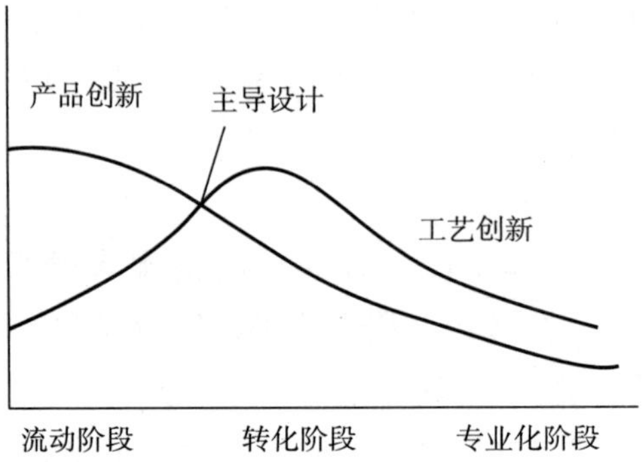

图 2-5 A-U 模型

资料来源：Utterback J M, N Abernathy. A dynamical model of process and product innovation [J]. Omega, 1975, 3 (6).

Utterback（1999）指出主导设计是特定时期融合了许多单个技术创新并以一个新产品的形式表现出来的技术与市场相互作用的结果，是技术最大可能性下市场所选择出的广为接受的产品，产品已经在一定程度上赢得了市场和消费者的信赖，而市场后来者在一定时期内不得不采取这一种设计。Anderson 和 Tushman（1990）将主导设计定义为单个产品构造或一个狭窄范围内的产品构造的集合。主导设计具有技术先进性、产业主导性、强制性、不确定性、综合性和国家干预性等显著特点（刘志阳，2010）：①技术原创性。主导设计的技术来源有两种：一是科学的突破造成了创新；二是在解决实际问题中出现的突破原有技术路径的创新。主导设计的出现源于行业发展中基础科学研究、技术攻关的新突破。一旦科学研究的新突破为产品创新、工艺创新、制造流程创新提供了新的思路，技术攻关为此提供了新的手段，特定行业产品的主导设计和核心技术体系开始形成。随着相应于主导设计的建立，同行业多数企业的技术范式即会做出相应调整。技术通常可以凭借占先的优势地位，使得技术轨道惯性偏向自己的生态场，在马太效应作用下实现自我强化的良性循环，从而实现主导技术支配能力。②市场影响力。主导设计往往具有强大的市场影响力。Tushman（1990）指出，主导设计是单个产品构造或一个狭窄范围内的产品构造的集合，这个产品构造能够占领 50% 以上的新产品销售额或者 50% 以上新的生产设备的安装数量，并且至少连续 4 年维持 50% 以上的市场份额。主导设计是赢得市场信赖的设计，是消费者广为接受的满意产品，在网络外部性及网络外部性可能导致的潮流效应作用下，主导设计使消费领域产生强大的市场倾斜，主宰着市场最终消费者和用户的选择行为。③综合性。主导设计是特定时期多种因素综合作用的结果，除了技术因素外，还包括一系列非技术因素。例如，表现厂商特质的涵盖市场渠道，商标品牌和顾客转换成本等内容的附属资产，行业法规和政府干预，厂商的战略机动（厂商针对竞争者而制定的产品战略，通常有孤军奋战和战略联盟两种模式），厂商与用户交流的方式等因素对主导设计的确立都有着重大的影响。主导设计一旦确立，战略性新兴产业就进入了一个“顺轨创新”的时期。专业化阶段中产品技术和过程技术都基本成熟，更多是渐进式的改进型产品创新和过程创新。

3. *新兴技术演进模型*

如图2－6所示，在A－U模型的基础上，Hamilton（1985）将新兴技术演进分为四个既衔接又部分重叠的阶段：①发现阶段：科学推动，以非连续性技术进步为重要特征；②探索和学习阶段：该阶段重点在于发现可行的技术应用领域、技术完善、形成明显的市场概念和知识产权保护；③承诺阶段：明确主导设计、商业模式创新以及出售或授权知识产权；④竞争阶段：强化先发优势、产业进入和退出（贺俊和吕铁，2012）。

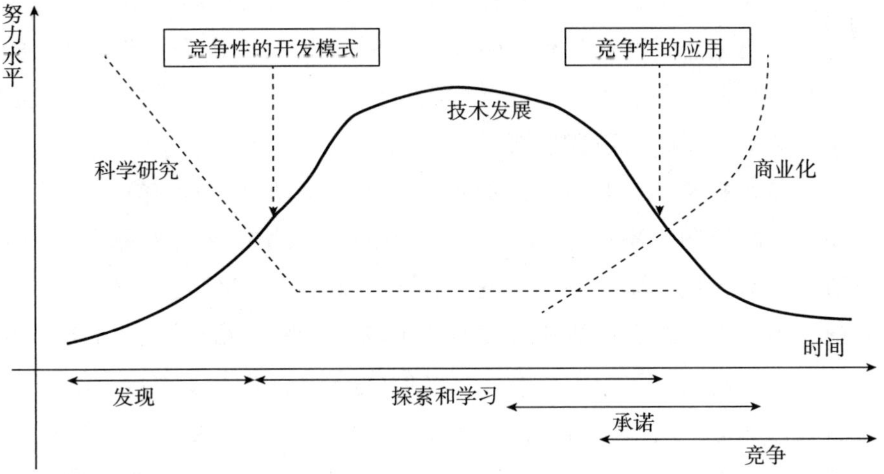

图2－6 新兴技术演进模型

资料来源：Hamilton W. Corporate strategies for managing emerging technologies［J］. Technology in Society，1985（7）.

（二）战略性新兴产业化演进阶段

综合上述模型以及战略性新兴产业特征，在新兴技术向战略性新兴产业发展过程中，要历经技术突破、技术标准化和技术商业化三个阶段（见图2－7）。

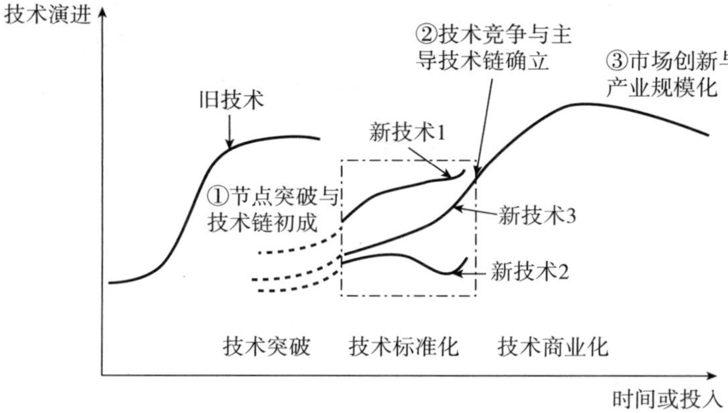

图2－7　战略性新兴技术产业化演进阶段

（1）技术突破阶段。处于产品生命周期的早期，产品原型的创新水平很高，产品变化快，设计具有多样性。创新的重点在于产品的性能，众多竞争者对产品设计和使用特征进行了大量的实验，这一阶段技术往往是粗糙、昂贵和不可靠的（姚志坚等，1999）。

（2）技术标准化。技术突破的各个主体研发动机、研究方向以及对潜在市场需求的预测都不尽相同，从而导致新兴产业技术发展侧重点各异，进而衍生出诸多技术轨迹（陈继勇和周琪，2012）。诸多技术轨迹之间存在激烈竞争，而最终那些能够将资源和市场需求紧密结合起来的技术链将成为主导设计范式。符合主导设计标准的优秀产品会占领主导市场，产品创新率大幅降低，技术创新转向工艺创新，竞争转向价格。

（3）技术商业化。在同类产品厂商激烈的竞争中，许多非主导设计的产品淘汰，某类产品经过不断的改进、创新后，在产品的设计、制造流程等方面已形成标准化和大批量生产，占据规模优势的商家获得丰厚收益。

规模化是这一阶段的主要特征，这个阶段产业的技术进步大部分由小的改进积累而成，技术创新逐步转向市场创新，主要关注市场、商业化和其他市场要素，包括完善的市场营销网络建设和包装、运输、生产过程管理的体系化、品牌的建立等，这样的状态持续到被下一个不连续的技术破坏（Anderson & Tushman，1990；刘志阳，2010）。

（三）战略性新兴产业技术链和产业链的演进

战略性新兴技术产业化演进过程也是技术链和产业链形成的过程，对于技术链而言，主要经历技术链初成、产业技术竞争和主导技术链确立以及产业规模化和技术链优化三个阶段。

1. 技术链初成阶段

技术突破是技术链形成的开端，节点上技术来源可以是突破式创新，也可以基于技术引进消化吸收所形成的渐进式创新。随着技术链节点相继突破，技术链初步形成，能够做出产品原型，但到商业化还有很长一段距离。在产业发展初期，技术链主体可能仅有少数几家甚至 1 家。以 CMDA 发展为例，高通公司在最初研发 CDMA 的过程中，由于无法得到其他已经采用 GSM 标准企业的支持，只能自行研究，最终形成了 3000 多项专利，其中核心专利占 1/5，再通过与其他公司的交叉许可专利，成为了技术链的唯一主导者（文婷，2007）。

2. 产业技术竞争和主导技术链确立阶段

技术链的初步形成为产业链的运行架设了结构，奠定了基础，拥有技术优势的企业借助专利、标准以及各种合作方式逐步完善包含多元主体在内的产业链。随着各方的加入以及相关配套技术的发展，技术链与产业链趋于不断完备，并引发了不同技术轨迹以及相应产业主体之间的激烈竞争，“一荣俱荣、一损俱损”，这种竞争将从根本上决定每个企业的命运。技术标准体系和主导设计的最终确立充分体现了不同技术链主导企业组织协调产业链的能力差异。

3. 产业规模化和技术链优化阶段

依托主导地位所产生的垄断效应以及市场创新带来的规模效应，产业获得显著收益，大量企业被回报率吸引而选择进入，使产业进一步成长、规模得到不断扩张。而那些在技术链上投入最多、具有核心研发能力的企业通过控制价值在不同地理空间、不同经济行为主体中的分配最大程度获得创新投入补偿（刘志彪和张杰，2007）。垂直整合、横向合并、纵向分解或横向分解，基于产业链的各类结构调整以及所引发的科技资源、人力资源、资金资源整合，为技术链的优化提供了空间，也为产业链上的某个节点企业因创新实力增强而引起下一轮技术变革和技术链重构提供了可能性（见图2-8）。

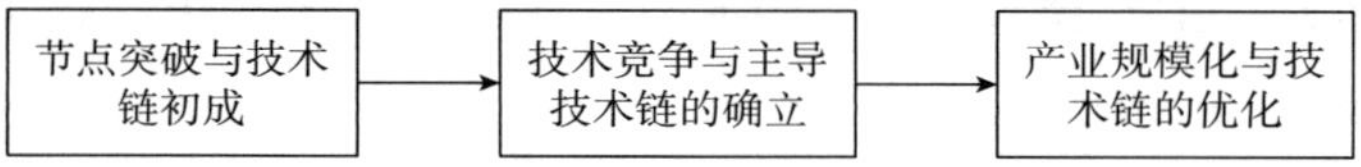

图2-8 战略性新兴产业技术链的演进

三、战略性新兴产业双链失衡内涵及表征

从目前来看，我国战略性新兴产业发展存在较为严重的双链失衡现象，呈现“基础研究不基础、应用研究不实用、产业开发开不出”。一方面，技术链和产业链自身存在断裂现象，尤其是技术链中核心技术和共性关键技术供给严重不足；另一方面，技术链与产业链相互脱离，科技成果转化率低。具体而言，战略性新兴产业双链失衡的内涵如图2-9所示。

（一）技术节点空白与技术链断裂

在产业发展初期，一些关键性技术节点的空白导致技术链难以形成，体现为技术不成熟、产品不成熟，难以形成具有全新产品与全新工艺所需的所有技术特征与技术性能的原始模型和产业发展早期的完整技术。全球战略性新兴产业发展至今，尚有很多基础性技术处于研发阶段。

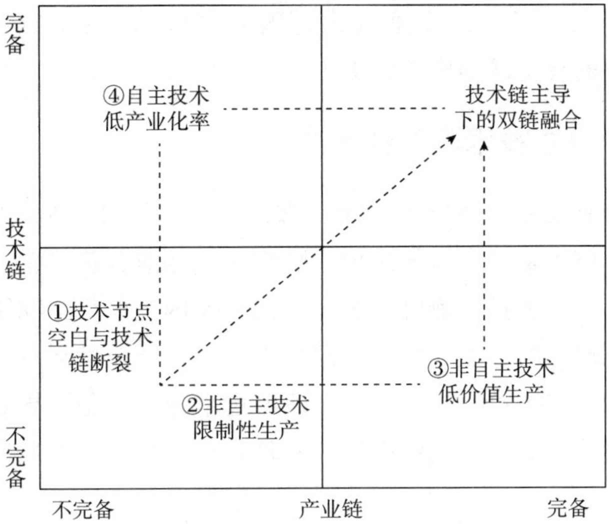

图2-9　我国战略性新兴产业发展双链失衡的内涵

以石墨烯为例，作为目前已知最薄、最坚硬的纳米材料，自2004年发现以来，全球已有80多个国家投入石墨烯的研发、生产。美国、欧盟、日本、韩国等相继发布或资助了一系列相关研究计划和项目。不过从技术链及产业链的成熟度来看，石墨烯产业总体上正处于概念导入期、产业化突破前期。制备技术一直未能突破，难以大面积生产高质量石墨烯薄膜和高纯度石墨烯粉体，以石墨烯薄膜为原料的高端产品，如微电子材料和显示屏薄膜材料等短时间内均难以实现产业化。

同样在量子计算领域，20世纪90年代各国开始加大科研投入，1990~2017年量子计算领域论文年平均增长量超过10%。但从专利来看，到2015年全球量子计算专利申请量才首次超过100件。2017年美国以600余件的专利申请总量位居榜首，中国、加拿大、澳大利亚、英国、德国、韩国和新加坡等国数量均未超过60个，表明技术研发还处于起步期。

关键性技术往往与基础研究的突破有较大关系，如1947年点触式晶体管的发明开启了半导体产业，1958年集成电路的发明开启了IT产业时代。长期以来，我国的基础研究并不理想，基础研究经费占R&D总经费比例多年维持在5%以内，远低于发达国家16%的水平，这也使得我国战略性新兴产业的技术链形成面临更大压力。

（二）非自主技术限制性生产

技术链的演进是一个技术逐步扩散的过程，当技术处于发展阶段时，先发国家会严格实施技术封锁。为了防止技术外泄，跨国企业会倾向于在本国生产，或采用独资、绝对控股等方式在他国生产，旨在限制其他企业的介入。这种现象的存在导致了我国战略性新兴产业发展双链失衡的第二种类型——非自主技术限制性生产，即因技术链不完备所导致的产业链断裂。体现为部分产品完全依赖进口，一旦生产方断供，本地产业发展面临重大危机。

最为典型的是半导体产业领域，2018年中国集成电路产量达到1739亿块，但在一些关键环节国产率很低甚至完全依赖进口。例如，光刻胶领域基本被国外巨头公司垄断，我国主要生产PCB光刻胶，而LCD光刻胶与半导体光刻胶严重依赖进口。高分辨率的KrF和ArF光刻胶，其核心技术基本被日本和美国企业所垄断，产品也基本出自日本和美国公司，包括陶氏化学、JSR株式会社、信越化学、东京应化工业、Fujifilm，以及韩国东进等企业。

同样在碳纤维领域，一个关键的复合辅材就是环氧树脂。环氧树脂具有优良的物理机械和电绝缘性能，附着力强，能将碳纤维黏接在一起。但目前国内生产的高端碳纤维，所使用的环氧树脂全部都是进口的。还有在机器人领域，2018年我国机器人市场规模约为87.4亿美元，2013~2018年平均增长率达到29.7%，其中工业机器人62.3亿美元、服务机器人18.4亿美元，特种机器人6.7亿美元，工业机器人连续六年成为全球第一大应用市场。但分析产业链构成，精密减速器、运动控制器、伺服驱动电机三大核心零部件长期依赖进口局面亟待突破。

（三）非自主技术低价值生产

当技术链逐步形成，特别是主导技术确定后，掌握关键技术模块或者技术标准的企业会通过专利交叉许可授权、强强联手，赢得市场竞争的先机。此时，产业链的低端环节就失去战略地位，只具有市场化的意义，战略核心在于高附加值环节。在这样的情况下，先发国家会选择将生产过程拆分，聚焦核心技术和品牌优势，此时的后发国家尽管产业链相对完整，能够生产出相应产品，但由于技术的非自主性，只能是一种低价值生产（Humphrey & Schmitz，2004）。在通信产业中，高通授权12家包括中兴通信、华为等著名的中国本土公司在无线产品和网络中使用CDMA技术，但这些企业要支付入门费、技术许可费、芯片费用等，费用平均高达成本的7.5%（杨洁，2006）；或是进行组装生产，以一部售价600美元的iPhone手机为例，所需材料成本约为187.51美元，苹果公司在每台手机上的获利高达360美元，占到利润的六成。与苹果的高利润形成鲜明对比的是，将这些元件进行组装的富士康等中国组装企业，每台iPhone 4只得到6.54美元的酬劳，利润率仅为2.0%左右。

非自主技术下的低价值生产虽然有助于后发国家实现以要素投入规模扩张和成本降低型生产效率提升为主的工艺升级与产品升级，却难以帮助后发国家实现自主创新。发达国家对于发展中国家的生产体系控制非常严格，以汽车行业为例几乎每个合资汽车公司都有自己相对封闭的零部件体系，20%为原装进口，60%~70%为在华外资企业或中外合资企业生产，中国本土企业只能作为二级或三级供应商。这种技术控制延续到了新能源汽车产业的发展中，尽管越来越多的跨国公司，包含整车和零配件企业都选择在我国研发或生产，但无一例外都倾向于独资，即使是合资的企业，外方也具有绝对控制权，而且这种控制从关键零部件延伸到了一些非核心零部件领域。

（四）自主技术低产业化率

正如前文所述，在新兴技术向新兴产业跃迁过程中存在着“摩尔鸿沟”，这个“死亡之谷”的存在导致科技企业高淘汰率现象：约50%的企业在创立3年内死亡，约75%的企业在创立5年内死亡，仅有13%的企业可以存活到10年以上。创新的成败主要取决于其市场实现的程度，技术开发上的成功并不等于市场上的成功，发明创造的先进性，也不等于市场的认同程度。科学发现和技术发明只有将其实现市场化，才算是成功的创新全新技术的进一步持续开发。技术产业化通常会遭到常规的市场营销试验、财务评价以及原有技术开发防御的障碍。目前，我国科技成果转化为商品并取得规模效益比例为10%～15%，远低于发达国家水平。不少具备产业前景的论文研究、报告和实验样机闲置和积压，高技术部件与其最终产品在生产环节中的分离是导致我国高技术不高的主要原因（贾根良和秦升，2009）。

以光伏产业为例，目前的发展都是基于光伏产能的规模扩张，只有伴随国内光伏应用市场的快速发展，一个更加完整的光伏产业链才能真正形成（邓洲，2013）。同样地，新能源汽车推广主要动力仍然来自政府，新能源汽车产业运行较好的是公交车领域，而在私人乘用车方面启动缓慢。很多新能源汽车公司之所以可以存活在很大程度上与政府热衷成立的各种产业园和各种形式的政府补贴有关。任何一个产业的发展壮大必须要有巨大的市场自发需求作为基础，否则将无法为技术创新提供持续利润空间，如何将市场应用由政府推动变成消费者、企业自发需求是战略性新兴产业市场创新的关键所在。

第三章

我国战略性新兴产业双链失衡的形成根源

双链失衡现象严重影响了战略性新兴产业的发展，使得产业发展不仅没有呈现出新兴产业应有的蓬勃之气，反而陷入了传统产业的发展泥沼。究其原因在于企业本身的技术创新存在不少问题，单一独自企业无法有效应对技术—市场信息的不确定性，创新外购又难觅创新源，合作创新则由于彼此间知识和利益的冲突常常归于失败，而基于技术链的产业链整合者缺失则使得产业整体层面的创新呈现一种无序、低效率以及低端化状态。

一、由点到链的创新逻辑和框架

经济系统具有显著的层次性，从要素、活动到企业集合再到产业，企业是无可争议的系统核心，作为单个活动开展的主体以及产业构成的微观基础，其决策和行为关乎系统的运行效率。仅从这一点来看，产业链是产业内企业分工关系的客观体现，没有哪一个企业能够拥有整条技术链或者行业内的全部专利技术，单个企业只能是产业技术链条上的某些环节（刘康和曾繁华，2011）（见图 3 - 1）。作为决策个体，企业确定所开发技术在整个技术链中的位置，并通过多种战略选择，如独立创新、外部购买、合作创新等来加以实现。

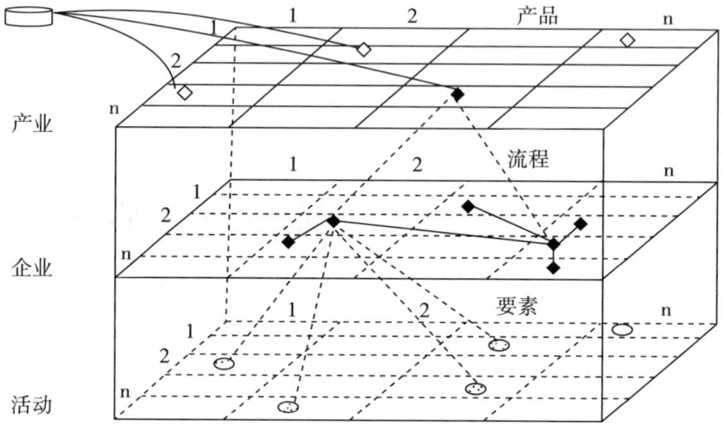

图3-1　产业经济活动层次

有企业层面的分工，就有产业层面协调和整合的需要，企业间创新协调发展程度决定了技术链的整体创新能力，也决定了产业链整体的经济效率，不只涉及一个或几个企业，而是整个产业的事情，并将从根本上决定每个企业的命运（见图3-2）。朱富强（2004）将分工效率的演进分为三个阶段：一是基于比较优势经济；二是基于规模经济；三是基于协调经济。从比较优势经济到协调经济表明随着社会生产迂回度的不断提高，分立的人类劳动之间的联系需要不断强化，分工效率的实现迫切要求劳动之间的协同。由企业到产业、由分工到协调构成了技术链和产业链的存在基础。从无序到有序，产业链的协调与整合以节点企业为主体、以核心企业为主导，根据产业链的技术内生逻辑，实现企业间资源的优化配置，其实质是企业突破边界，通过拓展可利用的资源空间来修正资源约束条件，在产业链上寻求最佳资源组合。我国战略性新兴产业发展之所以出现双链失衡现象，既来源于企业层面的技术创新战略实施所存在的诸多问题，也由产业层面协调以及产业链整合不足所引致。

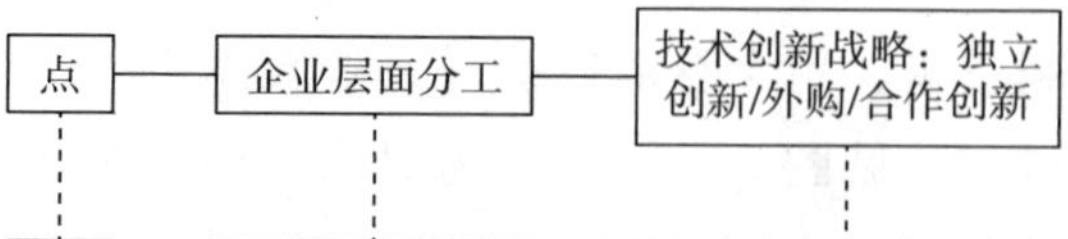

图3-2　由点到链创新逻辑和框架

二、独立创新与创新外购中的技术—市场信息不对称

（一）企业技术创新和市场导向的平衡

企业仅有两种价值创造职能：创新和营销（Drucker，1954），这两种职能涉及企业两种不同的战略导向，即创新导向和市场导向。创新导向将技术置于首位，通常是指为通过创建风险事业来追求产品或市场创新，并以超前的方式来开发创新项目以击败竞争对手的企业。在某些方面，创新导向类似技术导向，能增强企业获取新技术和知识来满足潜在或新需求的能力和意愿（杜鹏和万后芬，2008）。市场导向则是旨在通过不断跟踪市场需求为顾客创造更多价值的跨职能过程和行为，体现了企业对市场环境的适应性能力。

尽管大量研究证实了创新导向和市场导向对企业绩效的积极影响，但不可否认的是两种战略导向均存在自身的局限性。其中，创新导向不管竞争对手如何总是积极寻求新的机会，遵循一种实验逻辑，常常涉及新的未知领域，并且容易陷入“技术陷阱”，错误地认为技术领先是新产品获得成功的充分条件（Covin，1991），而容易忽视市场的作用，在这样的情况下，一旦失败就会对企业的现有资源和能力造成很大的损害，存在较高的财务和经营风险（Foxall，1984）。而市场导向下企业的注意力可能局限于消费者表达出来的需求，Christensen 和 Bower（1996）指出，许多企业因为太过于倾听顾客的声音，忽略了潜在需求和市场的未来走向，因而只对产品进行小幅度的改良，而不是颠覆性的创新，进而失去领导地位。McKee（1992）也认为，那些仅靠顾客和竞争者的信息进行创新的企业可能会越来越多地把自己的创新活动局限于现有的技术范式之内，导致研发上的“近视”症。景奉杰（2000）认为，主流顾客的意见往往不能带来创

新，反而那些占比较小的灯塔顾客能最先提示技术和市场的变化趋势，盲从主流顾客会导致企业的失败，而关注灯塔顾客意见的企业却更容易创新成功。

因而，在创新导向和市场导向间企业需要建立一种平衡，强创新导向而没有市场导向的企业有能力识别但是没有能力发展潜在市场，其结果是创新不能获得顾客认可或者不能创造利润。强市场导向而缺乏创新导向专注于顾客满意度，但是没有能力寻求新的市场机会（Baker & Sinkula, 2009）。以市场导向和创新导向作为分类维度，企业的战略导向可区分为四类（见图3－3），Zahra（2008）指出，在高科技行业市场导向和创新导向对组织绩效具有显著的交互作用。Boso等（2011）把市场导向和创新导向视为企业两种互补性资源，前者在于充分挖掘现有竞争能力，后者指在探索新的发展机遇，并基于组织双元性和动态能力理论认为两种导向的结合能够有效地促进绩效。可以说，创新导向和市场导向“双高”的企业，无论用主观指标还是客观指标来衡量，其绩效表现最优。

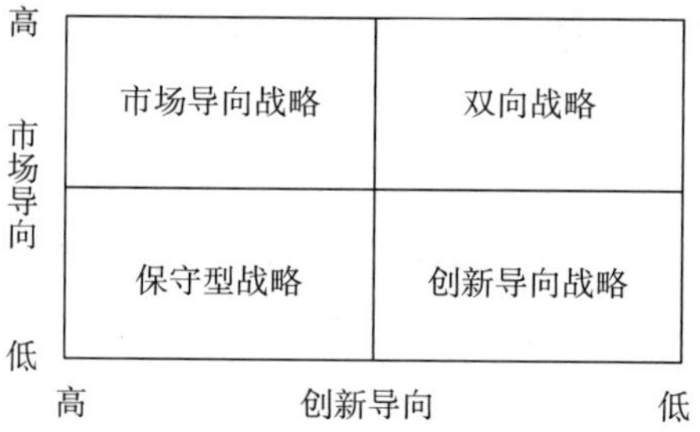

图3－3　基于市场导向和创新导向的企业分类

在战略性新兴产业发展这样一个动荡的市场环境中，强调双向战略是十分必要的，通过技术创新、风险承担来追求巨大潜在收益时，必须注重将顾客的潜在需求转化为顾客的现有需求，从而提高企业解读顾客真正需求以及相互沟通的技能，最终达到预期的目标（朱天一，2013）。换言之，战略性新兴产业发展中需要做到科技与经济的良性结合，仅有科技成果或发明尚不足够，关键是其能否转化为有商业价值的产品或服务，而不是令科技和经济成为相互分离的“两张皮”。

（二）企业内部创新与技术—市场信息不对称

正如前文所述，双向战略对于战略性新兴产业发展最优，但在实际运营中，这种平衡很难达到，出现了失衡现象。一方面，多数企业由于缺乏核心技术、技术能力欠缺，同时为了规避在基础科研和新技术开发方面的过高成本，会更倾向于模仿竞争者的创意和技术，长期从事无竞争力的仿制产品开发，毫无创新能力可言。在战略性新兴产业失衡现象中的非自主技术链下的限制性生产和低价值生产都属于该层面。另一方面，部分企业则走向另一极端，存在核心技术情结，一味追求技术上的高精尖，认为只要产品技术含量高，不愁没销路，导致技术与市场的严重脱节，大大影响了创新绩效。如 20 世纪 90 年代，摩托罗拉“铱星计划”正是科技理想化过于超前，而市场没有同步开发带来的失败。那么为什么双向战略难以同步实现呢，因为存在技术—市场信息不对称的问题。

在创新导向和市场导向的研究中，关于客户和竞争对手的信息都对企业决策有着重要影响。技术创新本质上是一种信息处理活动，信息处理的重要内容是利用市场信息（Moorman，1995；Ottum & Moore，1997）。Moenaert 和 Souder（1990）指出，新产品开发就是为了减少不确定性而进行的一系列信息获取和信息利用活动。Keh 等（2007）指出信息的获取和利用在创新导向型企业中的作用尤为突出。同样，市场导向被认为是市场信息的产生、散播和响应的行为过程。Kohli 和 Jaworski（1990）从行为的角度提出市场导向可以划分为三个基本要素：①市场信息的产生：收集有关顾客需求与偏好；②企业内部信息传递：在信息获取后需要传播给企业内的有关部门和个体，促使其开展一致性的联合行动以便快速有效地响应顾客需求；③组织对市场信息的活动及反应：包括运用市场信息来制定计划和执行所制定的计划。

然而，信息获取和处理被视为一个问题领域，很多情况下，企业无法有效获取信息并将其融入产品创新，这是由于技术创新的不确定性所决定的，不确定性并不直接与信息的数量呈反相关；相反，在实践中经常存在信息超载现象，但一些关键性的基本信息却并不存在。以市场需求为例，需求本身已经相当复杂，即使潜在顾客也无法清楚表达自己的需求或者对于很多的产品概念没有办法充分理解并评价其适用性（Von Hippel，1988）。更何况市场需求会受宏观经济形势的变化而变化。正因为这样，成果转化的市场预测往往会出现较大偏差，特别是关于破坏性创新的市场需求更不能被准确预测，因为这种创新从未存在过（Christensen，1997）。

除了来源于外部环境，技术—市场信息的不确定也来源于各部门之间的相互依赖，一个公司业务的开展需要不同部门之间相互配合。但各个部门由不同的个体所构成，对于同一个信息，每个个体所接受的内容都存在差异，且不同部门和部门之间难以实现完全的信息互通，这就造成不同部门的理解差异以及相应的行为分化。因而企业需要强化信息的主动搜寻，但也要关注创新信息在企业内部的有效分享和流动，这两种能力在一家内往往难以平衡，正如注重技术研发的企业。可能在市场上的执行力相对较弱，反之亦然。也正因如此，我们不难观察到一些企业信息交流能力和信息共享能力较强，而信息获取能力较弱，缺少可供交流和共享的信息，但也有很多企业虽然信息获取能力较强但信息交流能力和信息共享能力较弱，则导致所获取的大量信息难以被充分利用。

（三）外部创新源及科技市场的功能缺失

除了企业内部创新外，大学、科研机构、供应商以及用户等都是企业技术创新潜在的重要来源，但是由于这些外部创新源的功能缺失以及科技交易市场的不完备性使得企业的创新外购行为存在较大难度。

1. 外部创新源的功能缺失

实际上，我国企业内部创新能力较弱，大量的创新源在于大学和科研机构，但是由于长期的计划体制原因，科技、教育、经济相互分离，科研机构一般从学科和专业的角度而不是从市场需求来选题，缺乏关于市场信息的了解，以实验室原理样机或理论性的论文、专著为主要研究结果。高校、科研院所的横向课题虽与生产结合紧密，但应用面过窄，通常以单项技术为主，体量小、学科单一、综合度低，导致研究成果除委托单位使用外，很难再与产业链其他环节的技术匹配衔接，推广和再次转化的可能性低。此外，除了大学和科研机构，其他一些重要外部创新源，如供应商、用户等也没能发挥作用。蒋键（2004）指出我国供应商参与创新过程表现出供应商承担责任程度较低、早期参与不理想、合作过程中敏感信息不透明及共同的关系资产投资较少等问题。相当部分制造商和供应商之间仍然维持在传统的买卖关系中，还没有建立战略型的合作伙伴关系。在这种状况下，创新要素多是单向流动的，主要是企业委托研究机构开展项目合作，科研机构、供应商、消费者等外部潜在的创新源形成对企业创新的有效补充，这在很大程度上影响了创新成果所蕴含技术的先进性以及创新技术在产业化过程中的适用性。

2. 科技市场与科技中介的功能缺失

近年来，我国科技市场经历了一个从无到有、从小到大的发展过程，但总体而言市场的功能还较为单一，市场结构也不健全，尚未很好地满足科技成果的转化与转让需求。根据经验，科技市场上要求有种类繁多的科技中介，不仅提供技术预测与诊断、技术测试与验证、认证与标准化等技术创新类服务，还应提供科技以外的人才、资金、智力、信息等关键性资源供给与配套，包括成果开发、产权保护、监督仲裁、人才开发与培训服务经营管理咨询服务、委托调查与策划等功能。而且科技中介机构对人员的要求是贵在专精。例如，“规模较大的英国技术集团，其人员还不到200人，美国研究技术公司也只有30多人。这些机构虽然人员不多，但专业人员的素质却很高，大都具有理、工、商、法律等两种或两种以上的专长，有博士学位的相当多，而且大多有在企业工作的经历，有着很强的信息收集和处理能力”（张昊君，2005）。反观国内市场，中介机构数量多，但规模较小，同质现象明显，多数是一些信息咨询公司、科技信息网站和新技术推广网站，缺乏对科技成果价值评估的办法和能力，更多是承担了信息传递工作，无法对所得到的信息进行确认、筛选、评估、分析，可以说是对处于技术创新链末端提供服务，在技术链上游的支持，如技术预测与展望、专利评价与分析、技术测试与验证、模型化与原型化等许多方面则是空白。

科技中介业务的单一性和低端化导致科技市场竞争激烈，出现了严重的“劣币驱逐良币”现象，成果供应方和需求方都心存疑虑，担心价值和价格的背离。这种现象导致科技市场明显的“交易型支持”偏好，支持创新创业不足，交易的技术大多是投资小、见效快的“短平快”项目，技术交易价格偏低，一些学科综合性强、技术层次和技术集成度很高、具有较大技术创新性和潜在市场价值的成果却难以以合适价格成交。可以说，中介机构在技术—市场信息传递上没有发挥出应有的桥梁和纽带作用，一方面，高校、科研院所等外部创新源的关于科技信息的交流多停留在内部、系统内流转的信息不能及时传递给企业，形成很多成果找不到需求者而无法实现转化；另一方面，企业需要的技术成果找不到供应者，企业产品开发中的难题找不到合适的科技人才来研究突破。

三、合作创新中的知识粘滞与利益失衡

在技术复杂性日益增强的大背景下，任何一个创新主体都不能够控制技术创新活动所需的全部资源，这也意味着企业依靠自身单独开展技术创新已难以适应激烈竞争的需要，因而一方面企业不断将原来在企业内部的纵向链条上的生产过程分离出去，形成纵向分离；另一方面，原有的竞争对手，或者不同产业的企业，都因为技术、产品或业务的横向联系形成紧密的合作网络。

（一）合作创新的主要形式

正如哈耶克所说：“相对于全社会知识总量，每个个体所拥有的知识是极少的，也无从知晓所有事情及其起因。”面对个体知识的局限性，组织需要在研发活动中识别外部知识分布、努力连接并利用自身所需，因而与其他组织开展有效合作成为一项关键性行动（Chesbrough，2003）。

合作创新根据合作对象的不同可以大致分为产学研合作和企业间合

作。产学研合作中，以学、研为基础，以产为目标，在高校、科研院所和企业之间开展共同研发和成果转化，企业间合作内容更为丰富，既有共同研发，又有生产、营销等方面的资源共享（Inkpen，2000）。进一步地，企业间合作还可以区分为企业间横向合作和纵向合作创新，其中横向合作以同业竞争者相互合作为重要特征，纵向合作以产业链上下游合作为重要特征，包含供应商、用户等主体（见图3－4）。

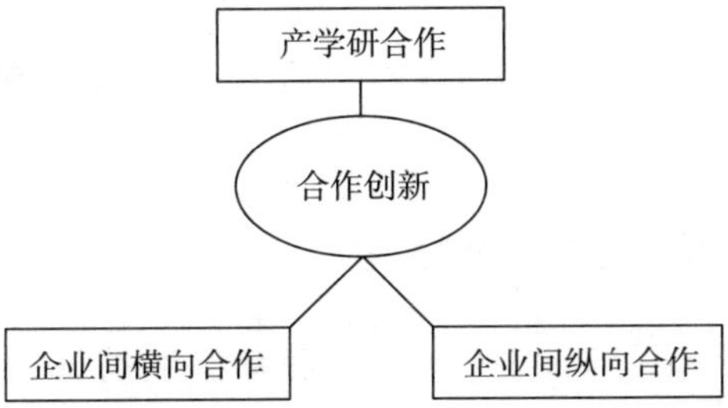

图3－4　合作创新的主要形式

从本质上看，企业合作创新也是为了创新发展，向外部寻求新的知识，并将新的知识转移到企业内部，与原有的知识进行融合形成新的知识体系，从而提升企业核心竞争力。合作创新要求企业间能够进行有效的知识交流与知识共享，合作企业以彼此的能力和知识作为杠杆来增强合作创新的竞争力和生命力。不同的知识源存在差异化的作用，如大学或科研院所所提供的多为基础性的知识，能够帮助企业了解科技创新的前沿和趋势；供应商能够参与企业的生产流程优化，提供工艺提升、成本控制以及产品质量改进等方面的经验，顾客则可以就产品体验、销售、售后以及商业模式等市场应用相关方面提供想法和解决方案，同行业竞争者之间合作更是内容丰富，既能分享技术研发、市场推广等方面的经验和资源，又能合力改变行业运行规则，更新产业知识体系（李强，2013）。

从实践来看，我国产学研合作对产业创新的激励作用一直处于低效阶段，而企业间联盟的失败率非常高，据相关的统计数据，国外联盟平均失败率在40%～70%，而我国联盟平均失败率则高达70%以上。这里有客观的因素，如隐性知识的难以传递、知识产权的定价等，也有主观因素，如投机行为和自利行为的存在等。总体而言，本书将其概括为知识粘滞性和利益机制不完备性带来的合作创新失效（见图3－5）。

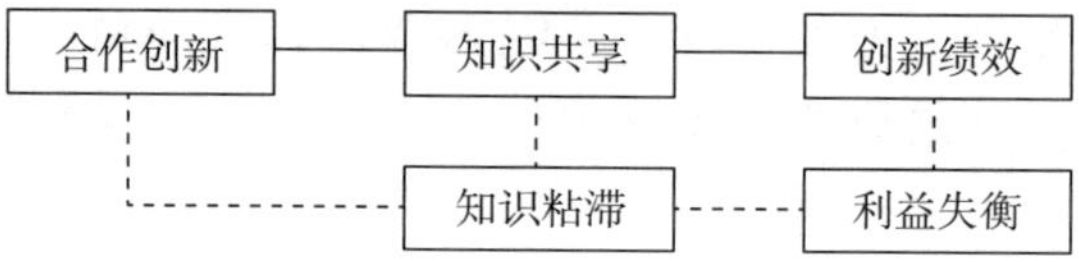

图3－5　合作创新中的知识粘滞与利益失衡

（二）合作创新中的知识粘滞

知识共享实质上就是知识接收方识别有价值的知识，通过理解、消化新知识并加以利用，创造出新知识的过程，即现有知识的应用和新知识的产生（Newell，2002）。参与合作创新的企业在利用外部知识源的过程中，首先需要能够识别外部知识的价值，了解外部丰富的知识资源，从中挑选并与之结成联系。其次吸收和运用这些外部新知识用于内部研发活动，通过将内部技术和外部技术整合，形成更为复杂的技术组合，用来创造新系统和新构架。然而在现实中，由于知识的多元分布、知识转移的粘滞性使得知识流动存在较大障碍，知识常常粘滞于局部环境以及知识拥有者，难以转移到知识受体，不仅技术创新知识难以有效整合，产业内的知识系统也无法及时更新，带来显著的失衡现象（杨坤和胡斌，2015）。

首先，和很多知识本身的特性有关，一般而言企业内知识可区分为显性知识和隐性知识两类，如果将企业知识喻为一座冰山，那么那些可编码的易于传播的显性知识就如同冰山显露在外的一角，而大部分暗藏在水面之下即是企业内存有的大量的隐性知识。区别于政府政策、法律法规等易漏知识，隐性知识和部分显性知识的转移都存在较大粘滞性（见图3－6），特别是高度粘滞的知识是个体在长期学习和工作过程中逐渐形成的“只可意会不可言传”的知识，在组织中分布广泛且相当离散，为不同领域的专家所掌控，缺乏明确的途径和方法。

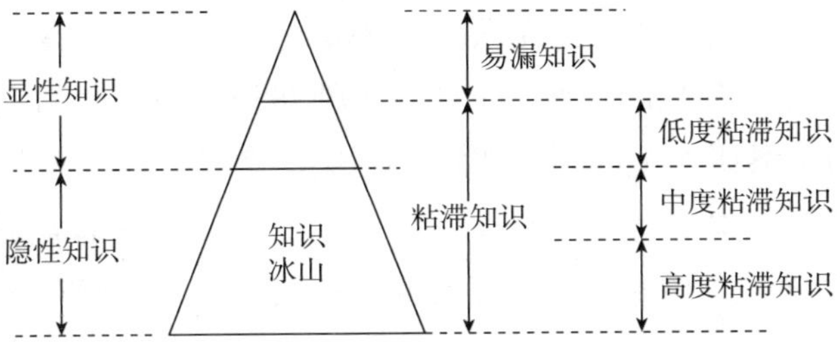

图 3－6　知识分类及内在联系

其次，知识转移的粘滞性还受到诸多其他因素的影响。胡健飞和夏亚云（2006）根据产生知识粘滞性的因素，将粘滞性分为主观粘滞和客观粘滞，主观粘滞是与组织或个人的能动性有关的因素，由意识、能力等因素所造成；客观粘滞是由于与知识本身的性质或者知识所处的环境有关的因素，由知识的特性、组织环境氛围等造成。Simonin（1999）研究了国际战略联盟内部跨国公司之间的营销知识转移情况，发现缄默度、资产专用性、先前经验、复杂性、合作伙伴的保护倾向、文化距离、组织距离等对知识粘滞存在影响。王毅和吴贵生（2001）从知识转移的过程出发，系统提出"知识转移粘滞性受到知识源、转移的知识、知识受体、知识源与知识受体之间的距离等多个因素的影响。知识源是要转移的知识拥有者，其转移意向、保护意识、对知识受体的信任程度、转移能力都会影响粘滞知识的形成。知识受体是转移知识的接收主体，其意识与能力将影响知识转移的程度。此外两者之间文化距离、空间距离和知识距离都会影响知识转移的粘滞性"。

（三）合作创新中的利益失衡

合作创新以追求共同的潜在利润为基本动力，为实现收益最大化，围绕产权让渡、降低交易费用、争取剩余索取权进行一系列的合作博弈，其中利益分配是企业合作创新的核心问题。

1. 产学研合作的利益失衡

产学研各方追求目标和价值的不同，是产学研不能有机结合的最本质障碍。对于高校和研究机构，Arza（2010）认为可以获得经济上的和知识上的两种收益，前者是指获得实验室科研经费、学者自己的研究经费，知识利益涉及知识交流，新的研究项目的想法，学术期刊，新发现，对产业问题的认识，人力资源的培训，并对已有的知识的更新。目前在我国高校和研究机构内，科研人员的职称评定、评奖、考核与论文的数量和所发表刊物的级别紧密挂钩，过分强调量化指标，且考核内容非常详细。这样的考核成了“重学术、轻市场”的评价和奖励机制，不少科研工作者为“科研”而“科研”，过于注重理论研究，参加产学研更多是为了发文章或者申报项目，一旦研究结束或申报评奖后就被束之高阁。

对于企业而言，通过产学研希望得到生产和创新两种利益，生产收益是指新的人力资源、使用研究机构的资源、了解不同解决问题的方法等短期利益（Bishop et al.，2011），创新利益是指长期利益，如接近高水平的研究团队、知识、发现新的研究项目、技术授权和专利等。但是我国的企业对知识产权问题认知模糊，与大学、科研院所合作过程中，不能正确对待科研人员和科技成果，尽管科技成果转化法和一些地方政策法规对技术入股作了明确规定，允许技术作为无形资产进行入股，但在实际操作中存在许多具体问题，如无形资产评估如何更合理、技术入股比如何确定等。权益分配不当导致学研方在对产学研结合项目的重视程度、乐观前景上均不如企业。

在这个过程中，政府部门虽然重视产学研结合，但是由于对高校科技人员承担的项目和企业承担的项目认知不同、定位标准不同，导致对项目绩效评估并不到位。另外，政府部门对处于中间环节的中试阶段不够重视，中试阶段具有较大的特殊性，既不同于早期的科研活动，又与真正意义上的生产活动存在差异，在实际运行中就容易形成“两不管”的灰色地带，政府投入高校、科研院所的基础性研究项目经费难以顾及，而企业的生产性预算也不完全涵盖，导致很多原本具有良好应用前景的技术出现闲置，停留在了小试和样品阶段，或者反之，一些技术未经中试就盲目投入生产，技术、产品的稳定性极差，形成生产的严重浪费。

2. 企业间联盟的利益失衡

一般而言，在联盟建立之初，合作方会就利益分配机制进行协商，在联盟运行一段时间后，再依据成员贡献程度对利益分配比例和方法进行调整。但是在实际运行中，合作过程却非常艰难，主要是利益主体各自所拥有的知识、资金等资源不同，加上成员权利和义务界定不清晰，在进行创新活动时利益往往发生冲突。特别是在一些实力不对等的合作联盟中，如何确保主导企业在联盟中的地位，同时又反映其他成员单位的利益诉求并实现联盟利益，激励联盟成员的合作动力是主导成员推动发展模式联盟面临的问题。不少参加联盟且实力强大的企业总是试图主导联盟向最有利于自己的方向发展，损害其他实力较弱的伙伴的利益。

与产学研合作相比，企业联盟的合作方往往还存在竞争关系，这种竞争关系直接影响企业是否能在联盟体内尽可能地体现自身价值，以掌握对联盟更大的控制权。企业开放自身的边界，努力以正式或者非正式的手段从外部获得信息和知识的同时，也面临保护自己的知识技术和智力资本的困惑，在一些情形下，联盟合作确实会出现对方获得的互补效应大于本企业，从而出现了亲手培养出更加强大的竞争对手的局面。因而不少企业由于顾忌联盟可能导致关键技术和资源的流失对其自身竞争优势的威胁，选择被动参与或不履行对于联盟的投入，会隐瞒一些重要的信息，各方在合作中存在的投机行为和短视行为严重损害了联盟成员之间的信任，破坏了联盟存在和维持的基础，从而导致联盟不能达到预期的绩效目标而解体。

四、基于技术链的产业链整合者缺失

一个好的标准就是经过伪装的命令（Iansiti & Levien，2004），由于战略性新兴产业涉及多领域的技术交叉融合，因而相比单一技术供应，一个产业的系统集成能力对于产业发展显得更为关键。因为尽管由于外包等手段存在使得组织有形边界收缩，但其无形边界以及基于界面所形成的控制力却在不断地扩大（余东华和芮明杰，2007）。特别是在互联网背景下，跨地域合作、信息突破时空限制成为了可能，基于技术链构建起互利共赢的产业创新生态系统成为竞争要点。

（一）战略性新兴产业发展模块化特征

模块化是基于知识和劳动分工，按照一定的规则将复杂系统分解为相互独立的组成部分的过程，包含子模块的分解和重组。战略性新兴产业的模块化发展特征明显，这是由于统一的大市场已经被多样化的需求瓦解，市场需求的波动性逐渐加大使产品生命周期大大缩短，尽管组织可以自己研发技术，但却需要进行长时间的开发和检验，所以，许多组织并不是自己开发新技术，而是选择市场上已有的技术，根据一套接口标准，将不同的和相对独立的零部件组织形成集聚效应。

技术模块化是产业模块化发展的前提和基础，而产业模块化发展引发的产业组织层级化进一步深化了技术系统的层级化发展（苏敬勤等，2008）。战略性新兴产业模块化发展特征包含三个层面：一是设计模块化，根据相同或相似功能将产品部件进行归并、简化，使其成为独立的子模块，在此基础上实现各模块的独立设计以及多样化产品的组合研发。大规模生产设计依据上下游的知识流动，而模块化设计基于知识相似性，两者存在差异。二是生产模块化，在设计模块化的基础上，生产也不再需要集中于一个企业，从而扬弃了纵向一体化生产的弊端，实现了基于模块的业务层层外包，生产模块化得以实现。三是组织的模块化，企业内和企业间采用或利用的适应模块生产的组织过程、治理结构和契约程序，功能上各自独立、相互间基于既定的系统规则实现协调（Miguel，2005）。

（二）产业链整合的两大系统集成商

模块化的构思和设计是一项复杂的系统工程，需要经历设计规则制定、模块设计以及系统集成和测试等多个阶段。在这个体系中，存在两种重要角色（见图 3 -7）：一是系统集成商，其主要功能是将复杂系统分解，厘清各模块之间的边界，并制定显性的标准。可以说是整个模块化系统的设计师和协调者，保证产品的整体兼容性和参与设计制造过程各阶段的模块企业的协调性。正如 Brusoni 和 Prencipe（2001）对于模块化技术、产品和组织的研究所指出的，企业之间的知识和组织协调不能仅依赖于模块化产品结构的自动调节机制，而是需要通过系统集成商来协调。二是模块供应商，主要的功能是在系统架构规则的指导下开展单个模块的设计与制造工作，对各自的模块负责，并努力获取竞争利益。模块供应商之间也由于分工差异和技术附加值高低，被区分为关键模块供应商及一般模块供应商。

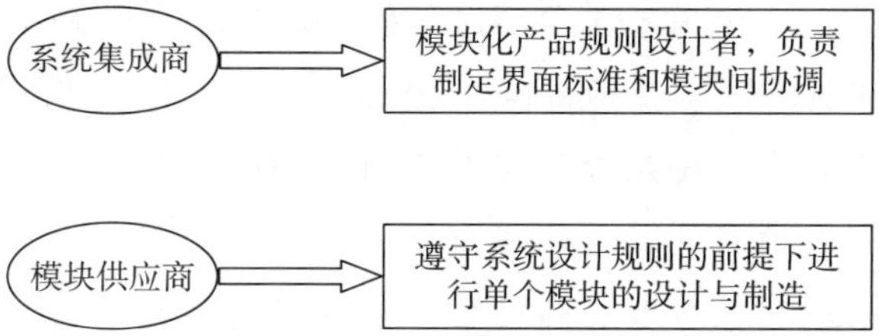

图 3－7　模块化体系中的系统集成商和模块供应商

系统集成商中存在风险投资商和核心企业两种主体（见表 3－1），其中风险投资商模式以青木昌彦所提出的硅谷模式最为典型。在产业体系中，存在众多风险投资商扮演“舵手”角色，在进行项目风险投资的过程中，风险投资商首先根据自身所掌握的信息，在设计规则的约束下确定所投资的项目，然后将项目系统划分为若干个模块，并向模块供应商进行信息公开，每个模块供应商根据自身有限的系统信息基础对风险投资商反馈过来的信息进行比较、筛选并作出相应的创新反馈。因为各模块之间的信息是差异化，所以模块设计也呈现出异质性，这恰恰为风险投资商的选择提供了空间。在众多模块中，风险投资商基于对系统规则的理解，筛选出最为合适的模块组合，以形成对生产系统的优化乃至再造。

表 3－1　两种系统集成商模式的对比

	结构特征	系统信息处理过程	激励方式	系统集成效率	必要条件
风险投资商集成模式	大量创新式中小企业	风险投资商协调模块商之间的异化信息，系统设计规则不断完善发展	创业投资；上市；集成商更多出于财务目的	模块商研发努力最优化实现模块创新和系统创新	专业的评判能力；风险投资的制度环境
核心企业集成模式	规模、实力强大的企业和周围大量中小企业	核心企业确定系统设计规则，与模块商沟通基础上调整	优化选择：并购；集成商更多出于战略目的	核心企业与模块商构成的网络组织共同进化发展	对标准的控制能力；强大的系统整合能力

资料来源：在李晓慧（2008）的研究基础上整理。

青木昌彦（2000）将这种模式称为“创新的锦标赛”，数十家企业同时为研究同一有前途的技术展开竞争，在第一阶段，风险投资商先对所有经过筛选入围的模块供应商提供启动资金，支持其在各自内部信息隐藏的条件下进行独立开发，并建立相应的评价和反馈机制。第一阶段结束后，根据研发评价情况，风险投资商对产品模块进行筛选并决定是否继续投资，获得二次注资的模块供应商除了得到资金外，同时将得到风险投资商提供的系统协调信息，在充分考虑模块内部隐藏信息和系统公开协调信息的基础上继续进行模块开发，并完成相应模块的生产。最终对各个模块供应商保持长期跟踪的风险投资商会有个模块挑选的过程，而获胜的模块供应商获得相应模块的全部价值，实现股票上市（IPO）或被收购。这种“淘汰赛”有效激励了企业创新，甚至在一定的情况下，某个关键模块的突破会带来主导技术范式的更迭，如微软操作系统之于电脑，iPod之于音乐播放器，意味着一个全新的产品系统的形成。

与风险投资商通过退出获取利润不同，企业集成商更多是出于自身发展战略考虑进行模块设计和整合。一般而言，企业集成商都是产业中的核心企业，具有强大的技术实力、市场开拓、组织控制和资源整合能力，往往都把握模块设计规则以及关键技术模块，而把一些非核心技术模块分配给产业内的模块供应商，在整合产业链中各种技术、知识和实体资源的基础上，充分利用外部资源实现自身对产业的强大控制力。在整个产品设计和生产过程中，模块供应商和核心企业相匹配，其中核心企业作为舵手往往是规则的制定者和界面的控制者，而模块供应通过界面与核心企业相连接。以CDMA产业为例，高通公司是该标准毫无争议的市场领导者，拥有3000多项CDMA的专利，其核心技术专利就达600项。但高通公司“只专注于技术研发、专利以及标准化等工作，相关芯片生产、封装和测试业务均外包”（文婷，2007）。为了消除潜在的竞争威胁，很多情况下，核心企业会选择并购模块供应商，对于模块供应商而言，也迫切希望得到在产业内享有主导权、实力强大的核心企业的认同，以获得良好的“行业背书”和巨额收益。因此，在遵守核心企业所制定的界面标准前提下，模块供应商彼此进行着激烈的“背对背”竞争，不断进行创新活动，以改善模块的质量和性能。

（三）我国系统集成商存在的问题

一个成功的系统集成商既要了解和掌握技术前沿，也要清楚各个模块供应商的相关信息，并且必须是一个出色的协调者，以实现对各个模块技术的有效筛选及磨合。因而对于系统集成商的能力要求远远高于企业作为单一生产个体时所需，从目前来看我国无论是风险投资商还是核心企业在认知以及能力上的局限性对模块化生产构成了挑战（Ernst，2004）。

1. 我国风险投资商存在的问题

风险投资是一种高风险与高收益并存的金融制度安排，本应需要投资机构保有对新技术、新市场以及新产业的积极探索与开拓精神。总体而言，我国风险投资商的实力较弱，专业性不强，大多处于定位不明确、运转不规范、作用不明显的状况。一是风险投资人才缺乏，无法形成具有专业知识和技能的风险投资团队，对投资项目的把握不清晰，投资项目的评价和筛选尚缺乏科学方法的支撑，风险投资的运作缺乏完整而系统的流程和机制。二是后期投资的潮涌现象，我国风险投资商投资行为表现出明显的投机性与短期化特点，大量资金从早期市场涌向投资规模大但获利快的后期市场，且热衷于追逐热门产业，虽然模块化设计允许投资的浪费，但是这种产业投资的潮涌现象将导致模块投资的严重不均衡性和部分模块生产过度。三是政府资金有保值增值的要求，很大程度上限制了投资人的决策。同时国有背景的风险投资薪酬上灵活性小，激励性不强，难以吸引到既懂金融又懂产业的综合性人才。

更为重要的是，风险投资商对于产业链治理之所以发生作用，是由于链接了后端强大的资本市场。尽管随着科创板开市和注册制试点稳步推进，我国多层次资本市场进入一个新的发展阶段，但创业板包容度不高、新三板流动性不强等问题依然存在。如新三板自 2013 年正式运营以来，初步成为资本市场服务中小企业、民营经济的重要平台。但受市场规模、结构、需求多元等因素影响，出现了融资额下降、交易不活跃、申请挂牌公司减少、主动摘牌公司增加等问题。后端市场的不稳定、不活跃会在很大程度上削弱前端包含风险投资商在内各类主体的作用发挥。

2. 核心企业发展存在的问题

应该说，我国在产业链整合过程中，还是呈现了一些比较出色的企业，如小米、吉利等，但大多数企业扮演模块商的角色，且由于缺乏具有自主知识产权的技术产品，只能供应外围技术模块而非关键技术模块，从而进入了模块化陷阱，长期处于产业链的低端。朱瑞博（2010）指出，“技术链和产业链整合者的缺失是阻碍产业升级的关键”。由于核心技术的缺乏和系统设计能力的不足，大型企业创新以模仿的平台衍生技术创新为主，重复外国企业既有的技术路线，导致所引进的技术平台可能已经落后两代甚至更多，再加上引进—消化—吸收整个过程需要时间，等我国企业完全掌握技术，国外相关企业的技术又再一次实现了更新。所以在这样的情况下，我国的大型企业难以有效推动整个技术创新链的创新活动，更谈不上引导技术的高端化、规模化和产业化发展。吴晓波和吴东（2010）也指出我国龙头企业在竞争中主要采用的是低成本竞争战略，所获取的收益很少投入到创新活动和技术能力提升方面，而对配套企业的成本控制要求更为严格，导致大批配套企业沦为低级网络供应商，贸易条件不断恶化。

比能力不足更为严重的现实是我国的核心企业缺乏产业链建设的意识，杜龙政等（2010）指出我国不少企业资源、市场、技术等要素可能具备，但协调要素缺失，仅关注了企业本身的治理，忽略了产业链的治理，从而被动嵌入外国企业主导的产业链而为其打工。李晓慧（2008）对软件产业分析指出，尽管核心企业拥有一定的技术实力和规模优势，但并未有意识地去领导和整合集群内的中小企业，利用它们共同进行项目的设计与研发，而行业内多数企业的业务都涵盖从设计研发到生产销售的全过程，相互间分工合作较少，造成大企业无法突破重大项目创新和系统创新，小企业仅凭自身实力又无法实现具有自主知识产权的产品创新。

核心企业在产业链上的低参与度不仅体现在技术创新上，还体现在技术产业化与市场拓展中。以新能源汽车为例，各大汽车跨国公司不仅推进技术创新，还积极联盟共同推进配套设施建设、商业化等工作，如丰田、本田、现代、福特、通用等汽车公司发表声明呼吁各国政府在 2015 年建立更多氢燃料基础设施，并联合签署关于燃料电池汽车的开发和市场进入等发展方向在内的基本意向书等。相对而言，我国整车厂商参与度低，基本上是为了验证技术可行性所生产的样品，呈现被动且孤立的状态，难以扮演产业发展中系统集成商的重要角色。

第四章

战略性新兴产业从双链失衡到双链融合的逻辑框架

我国经济已由高速增长阶段转向高质量发展阶段，处在转变发展方式、优化经济结构、转换增长动力的攻关期，建设现代化经济体系是跨越关口的迫切要求和我国发展的战略目标。现代产业体系是现代化经济体系的核心和基础，而培育壮大战略性新兴产业则是构建现代产业体系、进而引领带动现代化经济体系建设的关键。目前，双链失衡现象已严重影响我国战略性新兴产业发展质量，推动战略性新兴产业发展从双链失衡走向双链融合增强自主创新能力和综合竞争能力迫在眉睫。双链融合实质在于实现技术链的高转化率、产业链的高附加值，通过不断理顺产业链技术供求双方关系，形成技术链支撑产业链发展、产业链反哺技术链的良性发展态势。产业链供给的技术链延伸、技术链供给的产业链前移以及技术链与产业链合作搭接构成战略性新兴产业双链融合的三大基本思路。

一、战略性新兴产业双链融合的价值意蕴

面对发达国家先进技术和贸易壁垒以及发展中国家低成本竞争的“双重夹击”，发展新一代信息技术、高端装备、新材料、生物、新能源汽车、新能源、节能环保、数字创意等为代表的战略性新兴产业不但关乎经济利

益和企业利润，更关乎国家整体利益，是一场关乎国家安全和命运的“经济战争”。战略性新兴产业双链融合迫切性体现在宏观战略以及产业实践两个层面。

（一）宏观战略意义

1. 体现国家的战略意图

战略性新兴产业既包括能够对国家经济长远发展、产业结构升级转换起到根本性和全局性的战略导向作用、在未来具有主导性和支柱性的产业（如新一代信息技术产业），也包括关系到提升国防实力以及在世界经济、政治格局中的地位从而必须突破的瓶颈产业和必须自主掌控的产业（如航空航天产业、卫星及应用产业）。对于某一地区而言，由于战略性新兴产业代表着产业的发展方向，对其他产业具有较强的带动和辐射作用，因此战略性新兴产业的发展关系到该地区的经济地位和发展前景。无论从国家还是从地区可持续发展的角度，都不能放任战略性新兴产业在全球竞争以及市场机制的作用下自生自灭，必须体现出国家的战略意图，充分发挥产业政策的作用，积极培育和促进战略性新兴产业的发展。

2. 代表科技发展的方向

战略性新兴产业的发展是世界科技进步、生产力发展和国际竞争的必然趋势，能够在最具有增长潜力的高技术产业领域形成新的增长点。重大的科学和技术创新是战略性新兴产业发展最根本的推动力，信息技术、生命科学与技术、航空航天技术、新能源技术等领域先进技术的突破及其产业化在战略性新兴产业发展中得到全面的体现，正在并将继续推动战略性新兴产业的大发展。同时，这些重大科学和技术发展的水平也是制约战略性新兴产业发展的主要因素，其进展程度决定了战略性新兴产业发展所能达到的阶段。因此，发展战略性新兴产业必须高度重视掌握核心技术及其相关知识产权，这是决定未来产业竞争成败的关键。但是战略性新兴产业并非全部是由颠覆性的新兴技术推动的，其发展离不开既有技术的支撑。在既有技术基础上的集成创新、为满足新的市场需求进行的技术创新以及既有技术的完善提高都是战略性新兴产业的技术推动力。

3. 反映市场需求的趋势

重大技术创新和重大市场需求是驱动战略性新兴产业发展的“两轮”。单纯的技术创新并不能形成新的产业或带动既有产业的发展，还必须与市场需求结合起来，以满足社会不断提高的和未被实现的需求为目标的技术创新对经济发展才是有效的。战略性新兴产业之所以具有发展的巨大潜力并能够成为未来的支柱产业，就在于其不但代表着科技发展的方向，而且反映了市场需求的趋势。在产业生命周期的不同阶段，技术和市场的作用不同。在产业生命周期的早期阶段，技术推动比需求拉动重要，但随着产业生命周期的演化，需求拉动变得越来越重要。因此，战略性新兴产业的发展要着眼于市场的重大需求，将技术创新与满足市场需求有机结合起来。通过高起点构建现代产业体系，提升产业层次的同时，战略性新兴产业的发展创造更多的就业岗位，形成一批新兴经济增长点，从而加快资源节约型和环境友好型社会建设，使我国经济社会走向创新驱动、内生增长、可持续发展的轨道①。

4. 符合新型工业化的要求

改革开放以来，我国工业生产能力和产品产量迅速增长，已成为工业生产大国，但工业企业普遍面临增长趋缓、资源短缺等问题，迫切需要有新的增长点。金融危机促使发达国家重新认识实体经济与虚拟经济、先进制造业与服务业的关系，依托战略性新兴产业抢占未来产业制高点，保持在全球先进制造业中的领先地位已经成为发达国家的共识。战略性新兴产业的战略性不仅体现在成长潜力大、带动作用强，在经济中占有重要地位的规模特点方面，而且在发展的质量方面同样代表着产业发展的方向，符合科技含量高、经济效益好、资源消耗低、环境污染少、人力资源优势得到充分发挥的新型工业化要求，也是实现智慧增长、包容性增长、可持续增长的基础。战略性新兴产业的高质量发展将有利于技术创新对产业的引领和支撑作用，不但可以通过促进高技术新兴产业的发展壮大而提升产业层次，而且可以通过战略性新兴产业对传统产业、服务业等其他产业的改造、融合而提高整个经济的发展水平，有助于高起点地建设现代产业体系，体现了产业转型升级的要求。

① 发展新兴产业、抓住历史机遇［EB/OL］. http：//www.jjckb.cn/2012 - 08/30/ content_398054.htm.

（二）产业实践价值

1. 技术群体突破与竞争效率的要求

随着现代相关产品技术的关联性和配套性不断增强，很难找到一个产品是完全由一家公司独立且全部提供的，在这样的情况下，一国或地区即使掌握了某种技术，也不一定意味着技术壁垒的消除。技术链的引入可以有效地观察产业链上每个可供选择的细分领域的基本技术分布状况，国家或地区在该产业内各环节面临的可能性的技术壁垒，有利于形成国家科技组织动员和协同集成，集中在一些战略方向性和关键共性领域，对照现有基础制定出的发展策略也将更有针对性。

总体而言，基于技术链的创新治理的意义有三：一是克服单项技术创新以及相关产业化工作存在的不足，通过联合技术链上企业，实现相互学习、缩短创新试错时间，获取创新的速度经济效益（彭双等，2012）。二是降低单个企业开发技术所带来的市场风险。技术创新链体现了专业化的创新分工与协作，链上的每个节点分别承担了创新工作中的某项任务，基于分工的整合将使创新者易于发挥自身的技术专长，从而提高技术创新的成功率（屠建飞和冯志敏，2009）。三是形成不同生命周期下技术创新的协同性，有些技术生命周期可能很短，如集成电路中的芯片性能在短短 3 ~ 6 个月就可能有大的更新和突破，而有些技术在较长一段时间内不会发生变化，协调同一产业内不同生命周期技术将对提高创新效率有积极作用。

2. 主导设计竞争与风险防范的要求

战略性新兴产业是一场关于主导设计的竞争，主导设计的出现为某个产品类别建立了居于主导地位的单一技术轨道（Utterback & Abenathy，1975）。主导设计影响企业的市场份额、企业的生存以及产业未来的发展趋势。拥有主导设计的企业可以获得近乎垄断的巨大利益，被迫采用主导设计的企业将严重丧失其原创技术的投资成本、学习成本和品牌，还可能被市场拒之门外（Suárez & Utterback，1996；马岳红和袁健红，2010），主导设计之于战略性新兴产业可谓“一荣俱荣，一损俱损”。

正是由于主导设计经济效应的存在，产业领先企业之间的竞争往往十分激烈。但能否在主导设计中胜出，取决于企业与用户之间、用户与用户之间、企业与企业之间的创新协调与共同演进，可以说这是一场关于产业链整体的竞争，而不是某一个企业的单独行为。因而基于产业链的治理将加大产业专有资产的投入，丰富产业配套，进而加快主导标准的推广，让更多的企业采用这一创新体系，尽早形成产业链的协同效应和主导设计的规模效应，推动整个产业进入加速发展的轨道。可以说，取得主导设计竞争的胜利是战略性新兴产业投入风险防范的最佳且唯一渠道。

3. 生产片段化与产业布局的要求

产业链各环节对于生产要求的需求存在较大差异，不同国家（地区）所具有的要素资源不同，其区位优势主要表现为某一特定环节的优势，这是产业生产片段化以及全球生产网络形成的重要原因（Henderson et al.，2002；李晓华和刘峰，2013）。长期以来，我国企业更多是被动嵌入跨国公司主导的产业链，成为跨国公司产业全球布局的一员并为其打工，付出大量的资源却没有享受到应有的价值。在这一轮的战略性新兴产业发展中，发达国家仍然会从维持自己的竞争优势出发，对核心技术与产品进行控制，形成我国较为完整的产业链，从而提高对产业的控制力显得非常重要。

从链的视野来分析产业有助于了解产业各个环节之间的相互关系、依赖程度和各自发展条件，从战略的角度将相关的产业和企业联合起来以"协调对外"。完整产业链并不等同于全部生产集中国内，可将产业链置于全球视野，根据产业要求和区域资源进行全球生产布局，特别是国内各个地区为避免陷入重复建设的怪圈，必须在充分考虑不同环节所要求的差异化资源要素和生产条件的基础上再开展产业布局（纪云涛，2006）。

二、战略性新兴产业双链融合的核心要义

战略性新兴产业双链融合体现为两者间的互补互促效应，是指在战略

性新兴产业中增强技术创新供给与需求间的衔接，围绕产业链部署技术链，发展科技含量高、市场竞争力强、带动作用大、经济效益好的战略性新兴产业，把科技创新真正落到产业发展上。我国技术型企业的数量本来就少，技术主导型产业链更是缺乏，若只强调培育战略性新兴产业链而忽视新兴技术链会导致战略性新兴产业发展与传统制造业类似，出现“无利润忙碌”的技术空心化状态，反之则出现发明专利进入“尘封的殿堂”，技术主导型产业链的建设已经刻不容缓（姚凯等，2009；岳中刚，2014）。通过技术链和产业链的融合在技术创新和产业发展之间形成闭环发展、协同发展，同步实现科技创新的商业化和产业链的高附加值。

（一）技术链的高转化率

技术革新对于产业发展的重要意义在于改变了原有产业产品或服务的技术路线和技术特征以及相应的生产成本函数。依托技术革新所开发出的替代性或关联性的技术、工艺和产品通过渗透、扩散融合到其他产业中，或改变原有产业生产的技术路线，或者丰富产业经营内容和形式，也为产业间深化融合提供了空间（马健，2002）。技术链以专业化分工为基础，加强了企业之间的经济技术联系，推动了产业内新技术或新知识的转移和扩散。技术创新的不断加入，产业已形成的结构不断解构，形成“粘着区”吸附新的技术，体现了技术链的弹性和嵌入性。产业链不断解构、结构化过程事实上是技术创新的过程，新技术纳入原有产业链中，与原系统进行整合导致产业链进化。原产业技术系统由于添加新要素得以发展，不断完善（王发明和毛荐其，2010）。

技术链的高转化率体现在增进社会的知识总量和技能水平上，体现在科技实力和自主创新能力的提升上，我国已成为具有重要影响的科技大国，正在从科技大国向科技强国的目标不断挺进，科技水平正在从跟踪学习为主向并行和领跑为主不断转变。不过科学技术要发挥重大作用一定要围绕经济社会发展的重大问题，突出市场导向。恩格斯讲：“社会一旦有技术上的需要，则这种需要就会比十所大学更能把科学推向前进。”所以技术链的高转化率是指以成果转化机制创新缓解技术链与产业链之间的“转化鸿沟”，实现科学研究、实验开发到推广应用的三级跳，提高科技成果的转化率，缩短科研成果从样品到产品再到商品的转化周期，让科学技术的价值更好地体现在产业转型升级和经济发展方式转变上，体现在经济实力和社会生产力的提升上。

（二）产业链的高附加值

在产业链没有形成前，各企业的价值链是相互独立的，彼此之间的价值联结是松散的甚至没有联系，每一个企业都有自己价值创造和传递通道。而形成产业链后，各个企业被集聚到一个系统中，共同参与面向消费者的价值创造。产业链的价值创造涉及每个追求自身利益最大化的独立主体间的协调。

从这一点来看，产业链的高附加值首先体现为产业链价值创造的整体效率提升。通过统一布置和规划，协调各企业的价值活动，以更少的成本来为顾客创造更多的价值，以更少成本嵌入更为核心的竞争环节。产业链基于协同效应产生的高附加值可表述为“1 + 1 > 2”，其含义是产业链整体价值远远超过各单独企业所创造价值，产业链综合业绩好于各企业业绩的总和，其表征为将处于全球价值链中低端的环节攀升为中高端环节，通过强化企业间价值链的创新联结不断创造出新的价值。

其次，产业链高附加值体现为以技术创新投入为主导的价值分配。产业链的价值纵向分布状况是非均衡的，反映了产业创造的总体价值在每个可供选择的细分领域的分布状况。基于技术链的价值分配意味着各参与方得到更大的价值分配的同时，科技实力较强的产业链主导企业会充分展现领导作用，利用创新获取的专利控制产品生产，形成领导型纵向关系治理模式。不同价值分配改变了不同环节之间的比例关系，当前国际科技和经济竞争加剧，资源环境瓶颈凸显，推动经济社会发展与转型实现经济全面、协调、可持续发展也只有依靠科技创新这一条路。因而，产业链的价值分配要以更有利于价值创造和产业链效率提升的方式开展。

（三）双链升级良性循环

技术和市场交互作用形成一个动态演进的过程，循环往复，推动产业结构的优化升级和产业竞争力的提升。技术链与产业链融合的最后一个层面体现在两者之间的动态关联。为了突破既定的已结构化的产业约束，企业将通过创新形成新的经济活动。基于技术自身升级的推动力和产业发展对技术升级需求的拉动力共同引致新技术的产生。而在新技术产生和发展的推动下，产业也遵循其内外部条件向前发展，直至升级为与新技术相对应的新产业，形成新旧产业的升级与替代。

技术链与产业链的良性循环来源于技术创新的先发性、市场创新的诱致性以及产业内良好的创新生态。在优先创新企业开发的市场中，总是存在剩余的市场容量，具备坚实技术基础的其他企业可以针对剩余的市场需求，在异质性资源基础上整合、集成，做出适应性改进，推出性能不同的创新产品，满足相应的市场需求，使原有的产业链伸展。企业实现创新后，为了维持技术上的垄断地位，持续不断地获得垄断利润，必然会严格控制创新成果。而基于技术创新和市场开发所形成的创新网络使创新成果可以借助水平或垂直技术链、产业链扩散到与其具有竞争业务、互补业务和投入产出关系的企业，进而在整个产业内部实现企业间知识技术的交流和共享。产业的创新协作还带来大量的创新合作和信息流动，使各节点间建立起各种正式和非正式的联系，增加了其他企业的技术来源，特别是技术诀窍和隐性知识的来源，为其他企业的技术学习、知识和能力积累提供了途径。同时产业链的拓展将企业的技术成果内部化，降低了企业间技术交流与学习的信息成本和交易费用，分散了企业创新的风险。纵向和横向产业链在技术、市场的交互动态演进中不断扩张、延伸带来产业内分工和专业化的深化，企业间的创新合作和技术流动更加频繁、更加充分，产业的资源配置效率提高，创新实力愈发增强。更加庞大而紧密的动态创新网络推动着产业内新技术或新知识的进一步产生、流动、更新和转化。

三、战略性新兴产业双链融合的基本思路

战略性新兴产业双链融合过程实质上是一个多种资源优化配置过程。

如图4－1所示，曲线A表示一项科研成果从选题开始到实现产业化所需资源，曲线B表示各类创新主体在技术创新链上的资源供给，曲线C表示产业主体在技术创新链上的资源供给。如前文所述，曲线A与曲线B的偏差、曲线A与曲线C的偏差以及曲线B与曲线C之间的断裂都是导致战略性新兴产业双链失衡的重要成因。据此推进战略性新兴产业双链融合包含三方面基本思路：一是将技术链的供给曲线向产业链供给曲线延伸，即b点向c点靠拢；二是将产业链的供给曲线向技术链供给曲线延伸，即c点向b点靠拢；三是实现技术链供给曲线与产业链供给曲线的合作搭接（林淼等，2001）。

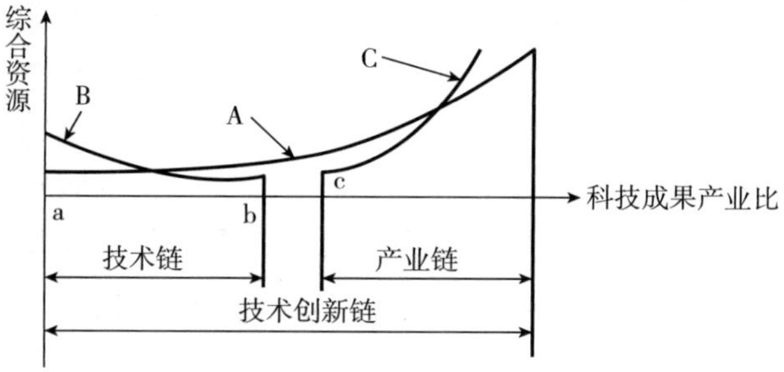

图4－1　战略性新兴产业双链融合基本思路

（一）技术链供给的产业链前移

将产业链的供给曲线向技术链供给曲线延伸，其内涵是促进企业成为技术创新的主体，提高创新能力。改革开放40余年来，我国企业开展技术创新的范围及程度日益扩大。2017年我国全社会科技创新研发经费支出达到了1.76万亿元，其中近80%都是企业投入，13.6万家高新技术企业的研发投入达到了9000亿元，占全国企业研发经费投入的68%。90%以上的研发机构设立在企业，70%以上的研发人员分布在企业，70%以上的研发经费由企业执行，60%以上的发明专利由企业申请。

但从投入规模来看，除华为、阿里巴巴等少数企业外，我国企业技术创新投入普遍偏低。以规模以上工业企业为例，2017 年全国开展研发活动的规模以上工业企业共 10.2 万个，仅占全部规模以上工业企业的 27.4%。拥有研发机构的规模以上工业企业共 7.1 万个，占全部规模以上工业企业的 19.0%，R&D 经费投入强度为 1.06%，这意味着多数规模以上工业企业未开展创新活动。从产业来看，2017 年有 23 个行业的企业研发经费超过了 100 亿元，其中研发经费最高的行业是计算机通信和其他电子设备制造业，为 2002.8 亿元，占全部企业 R&D 经费的 16.7%。此外，电气机械和器材制造业及汽车制造业分别为 1242.4 亿元和 1164.6 亿元。

欧盟委员会在 2018 年发布《2017 年工业研发投入（R&D）排行榜》，其中大众汽车研发投入高达 137 亿欧元，全球居首，随后依次是谷歌母公司 Alphabet、微软、三星电子、英特尔、华为、苹果以及三家制药企业罗氏、强生和诺华，均超过 80 亿欧元。因而，进一步确立企业技术创新的主体地位至关重要。现有政策鼓励企业加大技术创新投入、建立重点实验室、技术中心实际上都是沿着这一思路逐步推进。

（二）产业链供给的技术链延伸

将技术链的供给曲线向产业链供给曲线延伸，其内涵是推动研究机构面向市场，提高产业化能力，比较典型的是推动科研院所的改制，使科研院所丰富的科技资源直接通过市场得到优化配置。我国于 20 世纪 80 年代开启科技体制改革，对科研院所实行“稳住一头、放开一片”，科研院所企业化转制始于 1999 年。当时，我国经济社会发展深受科研与经济“两张皮”现象的困扰，一方面，科研单位的大量成果被束之高阁；另一方面，多数企业却因为没有新技术和新产品而陷于困境。科技在经济建设中未能发挥出应有作用，自身的发展也受到极大束缚。因此，党中央、国务院决定把科技体制改革作为我国科技工作的重点来抓，发布了《关于加强技术创新，发展高科技，实现产业化的决定》，提出要进一步深化科技体制改革，全面优化科技力量布局和科技资源配置，从根本上形成有利于科技成果转化的体制和机制，应用型科研机构和设计单位原则上要转为科技型企业、整体或部分进入企业或转为中介服务机构等。

改革前，我国科技资源主要集中在院所和高校，通过转制改革，相当一部分院所转制后成为企业的研发机构。全国独立科研院所数量由改革前的近5000家，减少了近1/4，优化了科技体系结构，增强了企业在技术创新中的主体地位。但对照战略性新兴产业发展需求，一些科研院所职能定位仍然不清、主业仍然不明，不同程度存在“大而全”、“小而全”和低水平重复、同质化竞争、碎片式扩张等现象，导致基础研究急功近利、技术研发自娱自乐等问题，不利于组织承担重大科技任务、攻克解决重大科技难题，不利于出创新成果、出创新人才、出创新思想（白春礼，2014）。《中国科技成果转化2018年度报告》指出高等院校与科研院所运行过程中仍存在诸多问题：一是高质量科技成果供给不足；二是科技成果转化专业服务机构与专业人才队伍缺乏，仅有9.5%的单位设立了专门的技术转移机构；三是有利于促进科技成果转化的评价体系尚未有效建立。

（三）技术链与产业链合作搭接

技术链与产业链的合作搭接的内涵是借助产学研、产业创新联盟等途径推动技术创新源和产业主体的共同创新，实现联合开发、优势互补、成果共享、风险共担（林淼等，2001）。对于高校、科研院所而言，在关键核心技术上的攻关离不开企业的资金支持，技术链延长也离不开企业通过中试、量产等来验证和推广。企业主导产业的打造与核心竞争力的培育，需要高校、科研院所提供智力及技术支撑，产业链的扩展和延伸亦需要高校、科研院所对技术持续性地加以改进、完善和提升。当今世界范围内高新技术产业集群跨越式发展大多源于产业创新联盟的协同推动以及研发机构、高等院校与产业界的良性互动。

从我国实践来看，合作创新已成为企业开展技术创新活动的重要方式。2017年高等学校R&D经费中，来自企业的资金为360.4亿元，占高等学校R&D的28.5%。在研究与开发机构科技经费筹集额中，来源于企业的资金增至91.9亿元，所占比重为3.8%。根据科技部《2017年我国企业创新活动特征统计分析》，2017年在开展技术创新活动的20.1万家企业中，有合作创新的企业为13.1万家，占65.1%，分企业规模看，企业规模越大，其创新过程越具开放性。在开展技术创新活动的小型、中型和大型企业中，合作创新企业占比分别为62.6%、68.4%和78.8%。产学研结合成为企业合作创新的重要形式，从规模来看呈现不断扩大趋势。在政府的引导下，企业与科研院所、高等院校积极运作、实施，通过专家咨询、技术转让、共建技术中心、共同研究开发、共同开办高科技实体等多种形式的产学研联合。2017年，我国开展产学研结合的企业为5万家，占合作创新企业的比重为38.5%；其中与高等学校合作的企业占合作创新企业的比重为31.2%，与研究机构合作的企业占全部合作创新企业的比重为18.6%。

面向现有基础，如何进一步解决合作创新中的知识粘滞、利益失衡以及分工机制不完备等难题，使之覆盖到更多产业和企业，真正成为构建技术创新链、解决产业重大关键共性技术问题的重要手段，是各创新主体内在的需求，也是推动战略性新兴产业双链融合发展的重要抓手。

第五章

战略性新兴产业双链融合的多重机制

正如前文所述，一般性机制描述了双链融合的基本逻辑，然而无论是企业，还是转制后的研究机构的独立创新，还是相互之间的合作创新以及基于整个技术创新链的整合治理都存在较多的困难，只有深入解决这些问题才能真正实现双链融合，这也就形成了双链融合的内在支撑机制，分别为企业技术市场信息传递机制、合作创新的知识整合机制、利益协同机制以及我国处于后发情景下的产业链治理机制。这四大内在支撑机制与三大一般性机制共同形成了战略性新兴产业双链融合机制的多重性（见图5－1）。

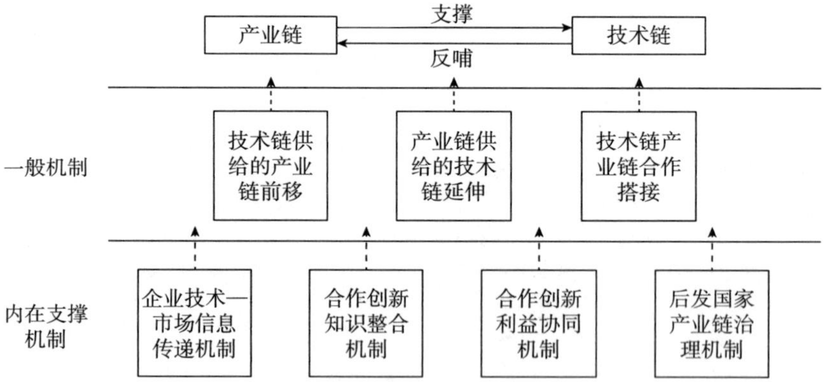

图5－1　技术链、产业链融合的多重机制

一、企业技术—市场信息传递机制

缺乏信息是技术创新的主要障碍之一，这里有企业自身的原因，也有技术市场滞后带来外部创新源和企业技术需求无法对接的问题。为了减少不确定性，满足技术创新中的信息需求，企业必须开展有效的信息活动收集合适的信息，及时准确地传输信息。可以说，信息在整个技术创新过程中发挥了全局性作用，从技术创新思想的形成及之后创新的各个阶段，企业都将从信息的收集工作中获益。

（一）企业技术—市场信息传递机制的内涵

从微观层面来看，企业技术—市场信息传递机制是企业从社会信息资源中获取、处理、分析和利用信息的内在机制，反映了企业对环境及内部信息资源的开发和利用能力（见图5－2）。技术—市场信息传递机制的建立有利于企业有效获取技术信息和市场信息，同时要促进信息在企业部门之间的充分流动、确保参与技术创新的各部门及其研发人员能够信息共享、良性互动，避免形成部门之间的“信息孤岛”，企业能够实现基于更大范围内的信息分析与整合以便深入挖掘潜在的创新机会（付睿臣和刘洋，2012）。

从宏观层面来看，技术—市场信息传递机制体现为科技交易系统的建构（见图5－3），在这个系统中，包括科技创新源、技术中介和产业化主体三个子系统，其中科技创新源包含高校、科研院所、企业技术创新中心以及社会创新个体，其基本功能是聚焦科技创新前沿、开发高新技术。产业化主体主要由创新型企业组成，其核心作用是把握市场需求动态、推动高新技术产业化，实现技术创新从知识形态向创新产品这一实体形态转变。在这个过程中，科技中介是重要桥梁，一方面，当产业化主体发出技术需求时，技术中介便将其传递给科技创新源，使众多科技创新者了解市场需求动态，从而做

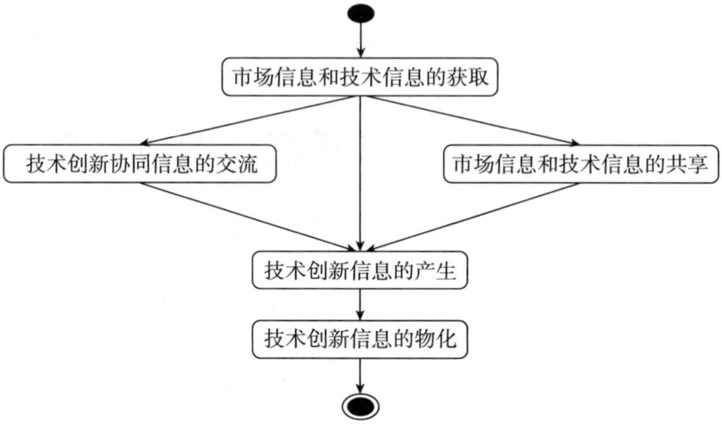

图5-2　技术—市场信息传递机制的微观内涵

到“心中有数”、“有的放矢”地开展技术研发。另一方面，当科技创新源产生突出创新成果有表达出将其产业化的意向时，科技中介也利用自身网络渠道第一时间传递给各类产业化主体。此时，借助科技交易系统以及技术—市场信息传递机制的有效建构能够促进高新技术供需趋向平衡，避免社会资源的浪费，从而实现高新技术产业的可持续发展。

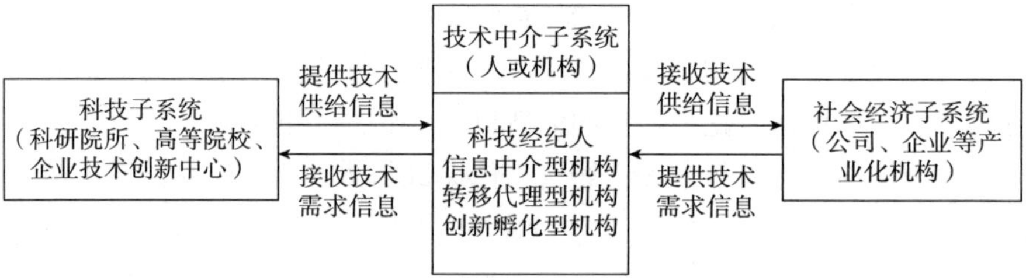

图5-3　技术—市场信息传递机制的宏观内涵

（二）海尔创新空间：创新互动与科技交易新模式

海尔集团创立于1984年，从开始单一生产冰箱起步，拓展到家电、通信、IT数码产品、家居、物流、金融、房地产、生物制药等多个领域。庞大的集团发展依赖公司强大的信息处理能力，海尔的信息系统整合起步于1995年，经过20多年的探索，形成了“人单合一”的经营模式，该经营模式下要求每一位员工以用户为中心，积极接触用户，并且在为用户创造价值的过程中实现自身价值。为应对互联网时代客户需求的个性化，海尔在“人单合一”的基础上，进一步探索打造平台型组织生态圈，Haier Open Partnership Ecosystem（HOPE）即是这一战略导向的重要体现。

1. 技术创新需求发布地

HOPE平台集中发布了海尔以及其他用户的技术创新需求，创新需求涵盖食品、空气、用水、衣物、智能物联、健康舒适、节能环保、便捷易用、制冷制热、材料工艺等多个类别。任何的资源注册后就可查看海尔发布的所有创新需求，并可随时提交解决方案，提交后的解决方案会自动在HOPE平台上参与用户交互，而与该需求相关的攸关方都可与资源方随时交互，共同完善方案，直至形成可转化落地的产品方案，并最终与海尔一起完成产品化，实现市场价值，参与交互的各方也可获得市场价值的分享。以海尔水晶洗衣机为例，即是通过HOPE平台实现创新，整机内25个模块来自全球10个国家的43家一流的合作伙伴，使产品和技术达到领先的市场地位。

2. 用户创意转化平台

除了面向全球征集技术方案以满足企业技术需求，海尔还致力于创造用户需求、满足用户需求。HOPE平台的另一个重要功能是集聚全球用户的创新电子，每天有超过100万活跃粉丝参与海尔产品的互动，通过大数据平台，平均每天产生有效创意200多项，全年产生7万多项有效创意。用户创新建议一旦被采纳，海尔将通过多种方式将产品转化上市。海尔先后推出的物联网空调、除甲醛空调、超薄空调、宽带无氟变频空调等产品均来自用户需求，都是先通过虚网互动了解到网民的需求，再将这些小众、个性化的需求进行分析后转化成为大众订单，进而持续地满足全球消费者的需求。

3. 全球创新资源网络和灵活的交易模式

为了创造出引领用户需求的产品和服务，海尔极力基于现有平台打造全球创新资源网络。首先，海尔有包含美国、欧洲、日本有内的8个综合研究中心和10个全球设计中心。其次，积极建立全球第三方专利、专家、解决方案资源网络，提高寻源广度、质量和效率，实现全球专家资源信息的对接，并通过第三方寻源平台发布课题和获取解决方案。此外，为了实现各相关方的利益最大化，实现平台上所有资源和用户的共赢共享，HOPE平台还在技术需求方和供应方之间建立了灵活的分享模式，包括但不限于项目合作、委托开发、成果买断、供货、共创共享、项目孵化、联合实验室、大奖赛或奖学金、并购或入股、创新公司孵化、渠道资源共享等。

（三）企业技术—市场信息传递机制的实现路径

缺乏信息是技术创新的主要障碍之一，这里有企业自身的原因，也有技术市场滞后带来外部创新源和企业技术需求无法对接的问题。对于企业而言，要广泛利用多种渠道和手段获取各类亟需的信息，与此同时，通过企业管理制度优化、组织结构设计、内部文化建设等举措促进信息资源的吸收以及开发利用，使得技术创新的市场导向性更为明确。而从宏观层面来看，技术中介和技术市场也要迎合网络时代的信息传递方式，通过组织创新和运行机制创新着力帮助企业以及外部创新源之间实现有效的对接。结合海尔案例，本书认为企业技术—市场信息传递机制的实现应该把握以下几点：

1. 着力推进企业信息化，并培养技术搜索团队

海尔的信息化建设起步于1995年，最初是建立售后服务系统，1998年，探索系统集成，根据物流、商流和资金流将原本分散于各个产品事业部的信息系统部门整合起来，跨越了传统意义上的部门边界。2008年起为适应全球化战略，海尔以ERP为核心，统一各部门信息系统，建设GVS（Global Value System）核心业务平台，真正实现系统集成与共享（欧阳桃花等，2012）。高度信息化为企业技术创新提供了信息保障，有利于克服信息不足、无序或过量等障碍。在信息化上近20年的坚持与投入，海尔整个集团呈现出了一种高度的智能化，甚至是实现了“企业生命化”（姜

奇平，2001）。在企业信息化建设的基础上，打造一支具有研发背景的专业性技术搜索团队也是至关重要的，辅之以强大的技术搜索工具[①]，这样的团队能够在浩渺的包含各类科技网页、专利数据库和研究论文在内的“科技海洋”中追踪重大技术突破，定向寻求与企业需求相匹配的科技资源，如宝洁公司的技术搜索团队就多达 80 余人，而这些人员无一例外均有着丰富的研发经历和背景（闫春，2013）。

2. 采用柔性组织，提高企业对所获信息的吸收能力

信息需要在一个开放的组织环境下才能得到广泛分享。为了更为有效地利用各类收集到的信息，企业首先要避免机械式组织层级过多，过多的上下层次将导致信息在传递过程中出现耗散与失真，长此以往对外界的变化反应也会迟钝。其次要警惕组织刚性，封闭的组织结构容易在部门之间形成信息壁垒，相互间难以互通有无。因而，企业必须及时对自身的组织架构进行调整，创造性地设计出适合本企业发展的柔性组织形式。海尔的组织架构伴随信息化的推进也经历了四个阶段：传统职能制→初级流程制→中心（SBU，策略事业单位）流程制→“人单合一”模式（管益忻，2006）。海尔将 8 万多人分为 2000 个自主经营体，同时配合内部的风投机制，或者员工自己到社会上组织力量，成立小微公司，让每个人成为自己的 CEO。无一例外，这些调整都旨在推动和鼓励员工跨越边界去获取和分享信息。需要注意的是，在这个过程中要优化管理能力，预先制定规则和程序对员工行为进行规范，避免一些无用信息的反复沟通导致企业资源浪费与协调成本上升。

3. 迎合互联网和大数据时代，打造网上交易市场

海尔的 HOPE 平台是对互联网时代的积极迎合。相比传统的单向搜索，互联网的互动以及扩散方式极大程度地丰富了信息内容。以海尔的家电研发为例，原来的研发者现在是接口人，连接外部的资源。海尔现有研发接口人 1150 多名，连接进全球 5 万多研发资源。也就是说，有很多人不是公司的在册员工，而是在线可以整合的员工资源接口人。面对越来越

---

① 如德国电信 AG 的专业搜索工具——“技术雷达”，以技术的复杂程度为“经度”，以市场开发程度为“纬度”，建立搜索矩阵，对各类技术进行搜索、评价和筛选。

多的大型龙头企业采用平台战略，直接面向消费者以及创新者，传统的技术市场显得优势不足。未来技术市场应进一步整合服务资源，合力推进网上技术市场体系建设发展，着重解决网上的交易规则、交易流程、有效监管以及诚信制度问题。同时应当积极运用新一代信息技术，如云计算、大数据、移动电子商务、物联网等改造提升网上技术市场功能。在大数据时代，不能不计成本盲目地收集各种海量的数据，否则将成为严重的负担，数据的价值、传递速度和持续性才是关键，作为综合性的服务商，网上交易市场应针对被观察的对象建立一套精简实用的数据指标，无阻碍地发布或获取科技自主创新信息资源，促进科技资源合理配置。

二、合作创新的知识整合机制

（一）合作创新知识整合机制的内涵

在合作创新中，知识粘滞性使不同主体之间无法有效共享而带来创新障碍，将粘滞知识转化为可以转移的知识，并使这些离散的知识系统成为统一的整体，可实现粘滞知识的成功转移以及跨组织知识共享，即知识整合。进一步定义，知识整合更是一个新知识的创造过程，原本附着在不同载体、蕴含丰富内容以及有着多样化表现形态的旧知识通过合作双方的重新改造、组合形成一个全新的利于技术创造的知识体系（任皓和邓三鸿，2002）。对于合作创新而言，知识整合的重要意义在于：一是构建动态有序的目标支撑知识体系，消除知识冲突；二是提高参与人员间的协作能力以高效完成创新目标；三是通过知识整合提升合作创新组织的竞争力（杨园芳，2012）。

关于知识整合的过程，陈力和鲁若愚（2003）认为包括知识挖掘、知识整理和摒弃、知识融合三个过程，芮明杰和刘明宇（2006）认为包括知识冲突、知识挖掘、知识整理与知识融合，惠青和邹艳（2010）则区分为知识挖掘、知识转移和知识融合三个过程。总体而言，相关研究的区分存在类似性，从合作创新角度，知识整合可概括为知识共享和知识融合两个基本过程，其中知识共享是前提和基础，可以细分为知识盘点和知识过滤两个子过程，知识盘点的目的在于实现知识的条理化，知识过滤是在明确知识存量的情况下，筛选出与目标相关的知识。而知识融合过程可细分为知识重编码和知识重组两个子过程，知识重编码在于削弱知识黏性，使之具有较强的柔性、条理性、系统性，知识的重组是将所选择出的知识进行广泛的“连接与交叉连接”从而构建新知识结构体系的过程。

（二）丰田汽车：基于供应链联盟的系统知识整合

20 世纪 70 年代后，迫于市场环境的剧烈变化，丰田汽车公司积极改革生产方式，以低成本和高质量在全球竞争中取得巨大成功。“准时制”是丰田汽车成功的关键，而准时制要求的质量、价格和交货时间离不开供应商的有效支持。信任、相互信赖、履行职责和合作是以丰田汽车为核心供应链联盟的重要特征。在这样一种文化背景下，丰田与零部件供应商之间的合作就不能简单地理解为一种基于产品的交易，其背后更多是信息、知识等重要战略资源的交流与分享。除了与供应商之间签订长期合作协议、控制供应商短期行为外，丰田汽车将大量精力放在整个供应链体系的知识优化配置和组合上，形成相互间自主、适时和全面的知识关联，以实现生产经营的持续投入、改进以及持久创新。

1. 构建联盟知识共享的互惠规范

要获得进入丰田汽车供应链联盟的“通行证”，供应商必须公开自身的知识基础，只有这样，丰田汽车才会与之分享自身的生产设施（除最新的模型设计实验室外）、无偿提供咨询服务以及参与众多知识交流活动的机会。通过这种方式，丰田汽车减少了供应商联盟中的“搭便车”问题。一旦某供应商出于私心或者利益问题而不愿意向联盟内其他参与者提供相应的帮助，那么丰田汽车这一盟主就会启动惩罚机制，如限制新订单甚至取消与该供应商原有的合作业务（罗仲伟和冯健，2007）。而这种开放式的知识交流是以供应商协会为组织依托的，该组织会每隔一个月就召开一次主题会议，其目的在于，一是围绕企业运营中的一些基础性、关键性问题如成本控制、质量管理以及生产安全进行探讨；二是对市场趋势、经济热点、政策导向等开展务虚交流；三是培养成员对所处联盟的忠诚度，使成员形成一种强烈共识，明显感受到自己是大集体的一员并从中获益，而强烈的认同感会让他们自主发起各种知识共享活动。

2. 基于自身知识库，无偿提供技术支持

丰田汽车的操作管理咨询部门是 20 世纪 60 年代中期建立的，这个团队由 50 多个咨询人员构成，通过直接对供应商进行现场指导和帮助，形成相互间的知识共享。此外，“雇员轮换”也是供应链联盟知识整合的重要方式，每年丰田汽车会派遣约上百名的员工前往各个供应商企业工作，时间有长有短。这一制度深受供应商的欢迎，因为这些轮岗的员工实际上发挥了很好的承接作用，既带来了丰田最新的管理理念、生产知识和制度安排，又将供应商在生产管理中出现的问题及时反馈给丰田汽车（罗仲伟和冯健，2007）。培训也是形成联盟共同知识基础的重要方式，每年丰田汽车会对供应商的工程师进行筛选并培训，通过参观工厂、开会等形式，参加培训的工程师在知识上得以有效更新，并不断培育和提升自身的技术能力。每年年末，丰田汽车还召集所有供应商在一起开会并分享他们在当年所学的新知识。

3. 供应商之间相互共享，建立学习团队

除了丰田汽车的主动知识输出外，丰田汽车还努力促进供应商之间的联系和知识共享。学习小组便是其中重要的组织方式，供应商根据地理分布、竞争性以及与丰田的关系分成不同学习小组，其中直接竞争的供应商不在一组，每个小组中至少有一个与丰田关系紧密的供应商并且承担领导角色，小组通常隔三年重新组合，以保持知识的多样性和新鲜度。根据每年的学习主题，学习小组会针对每一个供应商进行检查、诊断，并通过调研、采访供应商来提出意见，并评估最终结果。学习小组的方式使得丰田可以充分利用自己的专长来解决供应商的问题，而且通过与供应商的共同学习，也增加了丰田的知识存量。实践证明，通过面对面的现场交流，学习小组很好地促进了供应商之间的集体共识，特别是在隐性知识的整合方面效果显著。

（三）TD－SCDMA 产业联盟：技术知识显性化与标准化

TD－SCDMA 是我国第一个具有完全自主知识产权的国际通信标准，极大地提高了国内移动通信领域的技术水平，TD－SCDMA 标准的构建和完善是一项浩大的系统工程。该工程所要求的技术投入和知识含量不是一家或者几家企业所能承载的，TD 技术知识是典型的隐性知识。成文的 TD 标准是 TD 技术知识的显性化结果，从隐性知识到显性知识面临很多挑战，而且 TD－SCDMA 标准是由很多产业的竞争对手携手共同合作研发而成，竞争性组织间的知识共享也因知识产权问题存在较大难度，因而 TD－SCDMA 标准的成功对于合作创新的知识整合有较大的启发作用：

1. 技术开放以缩小成员间技术差距

TD－SCDMA 产业联盟成立初期，除大唐之外，其他 7 个发起企业，如华立、华为、联想、中兴、中国电子、中国普天等知名通信企业在TD－SCDMA 技术领域几近空白，华为在当时对 WCDMA 和 CDMA2000 技术投入了巨额资金，但是对 TD－SCDMA 标准的研发投入并不多，在无法预计前景的背景下，再投入大量资金显然有较大的经营压力。为此，大唐采取了技术开放策略，与联盟内核心厂家共享技术与资料，包括原代码、原理图、测试案例，降低企业进入 TD 产业的门槛，在已有的技术平台基础上，后入企业能够快速切入，极大地推动了产业化整体进程。

2. 技术开发规范化和标准化，保障互联互通

通过对照 TD－SCDMA 产业链图进行查漏补缺，积极邀请能够胜任相关产业链环节的国内外厂商参与技术创新和生产工作，以在短时间内构建起完整的 TD－SCDMA 产业链（见图 5－4）。为了加快产业标准的实现，联盟采取了统一的产品及业务规划发展，协调联盟成员在标准领域的立场，统一大家在标准升级与演进中的认识，并且推动各环节产业化同步开发。同时，联盟非常重视系统测试、一致性测试工作和产品研发工作的相互配合与协调，在与终端产品开发的同时，组织开展了由系统、终端、芯

片及测试仪表企业共同参与的终端一致性测试标准开发与 TTCN 代码的开发工作，以保证不同厂商的终端产品业务可互联互通，又可使终端厂商在产品开发时提前了解一致性测试的要求。

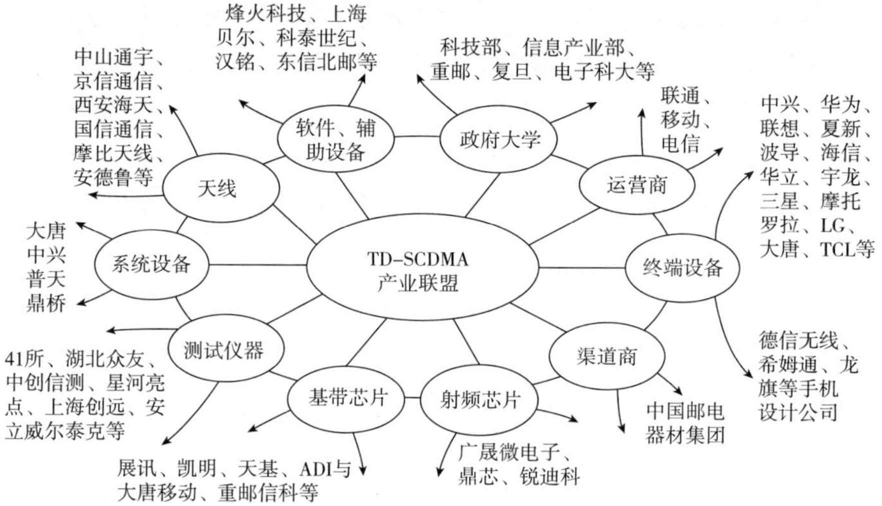

图 5 - 4　TD - SCDMA 产业链及企业布局

3. 技术联合开发，实现知识共享和创新

为加快终端的研发进度，提高芯片的成熟度，联盟组织终端企业与芯片企业进行配对，使终端和芯片企业在产业联盟的平台上实现了充分的互动；联盟组织、协调系统企业向产业链其他环节的企业提供开放实验室，作为面向各终端（芯片）厂商开放的测试基地；针对测试中发现的共性问题，联盟组织企业和专家组共同研究解决方案，这些举措大大加速了 TD - SCDMA 技术成熟的进程。此外，在 TD - SCDMA 产业联盟中，企业还合作组建了联合实验室，并为联合实验室选调了本企业内优秀的研究人员，以这些研究人员为载体，很多的隐性知识得以在联盟内部实现良好的传导和转移。并且在研发人员的共同努力下，一个具备商用能力的解决方案被提出，这本身就意味着联盟知识的再组合与创新。

（四）合作创新知识整合机制的实现路径

关于合作创新中的知识整合，芮明杰、邓少军（2009）指出可从五个方面加以实现：一是构建知识整合平台；二是培养知识流动与共享的合作关系与合作氛围；三是构建有利于内外知识整合的组织结构与企业文化；四是提升企业知识整合能力；五是建立知识共享与保护的权衡机制与双向能力。在对产学研合作的研究中，杨园芳（2012）认为可以通过选择适宜的产学研合作伙伴，提高产学研合作双方的知识整合意愿、营造良好的组织氛围、制定科学的合作创新目标和采用合理的知识整合手段等方式实现知识整合。相比较而言，高巍等（2005）的研究更具概括性，在对供应链联盟知识整合的研究中指出，知识整合机制主要包括企业文化、组织方法和信息技术三个方面，整合机制的组织方法是通过组织结构变革、工作轮换、组建跨企业团队等消除知识的粘滞性和促进知识的共享和重组，信息技术广泛应用有利于成员的广泛交流，而信息技术和组织方法的效率都以合作文化为重要基础。结合上述研究以及丰田汽车和 TD－SCDMA 产业联盟的实践，本书认为合作创新中的知识整合机制的实现把握如图 5－5 所示。

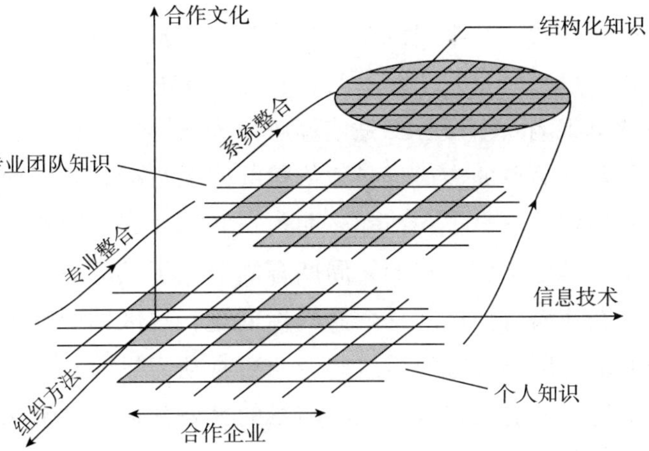

图 5－5　合作创新的知识整合机制

1. 分类别多渠道实现知识共享与整合

显性知识便于表达和文本化，而隐性知识必须建立在反复交流的基础上，因而不同知识类型要有不同的整合机制，其中显性知识应采用系统化机制，即尽量使用指令、规则、程序、计划等形式化方式进行知识整合，还可以采用知识仓库技术，而大量隐性知识难以编码，体现为互动式协调整合方式，即通过人际沟通互动的形式进行集体问题解决，或者是发展运作惯例，使隐性知识显性化（Grant，1996；芮明杰、邓少军，2009），必要时对隐性知识可以采用知识地图技术，知识地图指知识的向导而且包含知识本身，用来描述企业中拥有知识的人、组织或存储的位置。合作伙伴内部的各种网络的连接、组织连接、非组织连接是知识转移渠道畅通的前提条件，不同渠道对应不同类别知识，在进行渠道整合时要积极评估这些渠道对知识转移的效用。

2. 基于合作文化和知识差距的相似性情景缔造

知识转移需要情景，当要转移的知识处于源单元和接受单元的情境范围的重叠区域时形成相似性转移，知识转移的成功率就高。而当转移的知识处于双方情境范围的重叠区外时，合作双方就要重新去适应，知识转移的难度就会加大，且往往难以达到预期目标。转移情景的构建：一是依赖知识基础，这也是为什么丰田汽车积极为供应商提供技术支持，而大唐移动无偿与联盟内核心厂家共享技术与资料的缘由所在。过大的技术差距将使知识共享和重组陷入空谈。二是依赖协作和兼容的合作文化，这种文化的建设并不是基于简单的沟通，必须依赖共同的目标，只有使合作方在观念上意识到知识整合不是零和博弈，而是正和博弈，才能够使知识整合产生良好的效果。其中丰田汽车的长周期合同消除了供应商的顾虑，而对于通信行业内的企业而言，标准是个共同性问题，且区别于其他行业，该行业所具有的明显的网络效应使得这些企业更有动力提前布局。利弊权衡下造就了企业对这一产业联盟未来发展前景的良好预期，也带来了他们对联盟事宜的重视及积极配合。

3. 建立知识共享与保护的权衡机制

在合作创新中，企业不可避免地权衡知识共享的风险和收益，特别是同业之间，竞争的压力使得企业往往存在着较低水平的知识转移，因而合作创新需要通过机制设计平衡知识共享和知识保护问题。丰田汽车在进行系统知识整合的过程中，依赖自己的影响力，出具了较为强势的合作规则，即要求所有供应商必须开放自身知识库，否则丰田将对之进行处罚，甚至将其从体系中剔除。而 TD－SCMA 产业联盟中的知识产权保护主要通过共有技术授权和知识产权交叉许可规则加以规范，共有技术的使用规则由联盟理事会商定，在这个过程中，核心企业可以利用决策程序行驶对自身知识产权的保护，界定联盟使用本企业知识产权的范围和规则。而其他私有技术可通过自主协商方式实现共享，一旦发生违约纠纷，可以申请联盟出面仲裁并刑事处罚权力。为了区分不同成员的贡献度，进入预商用和商用阶段后，联盟开始对非理事成员专利使用收费，而对联盟外企业更是内外有别，实行许可申请及统一打包制度（陈立勇，2012）。

三、合作创新的利益协同机制

（一）合作创新利益协同机制的内涵

正如前文所述，合作创新中的各个成员都是理性个体，追求自身利益的最大化，只要当合作创新所带来的利益超过独自经营所得收益时，他们才会全心投入（见图 5－6）。因而合作创新利益协同机制的第一层含义在于推动成员协作在整体层面获取更多的收益，努力产生“1＋1＞2”的协同效果（夏美玲，2007）。合作创新利益协同机制的第二层含义是建立合理的利益分配机制，合作利益涉及面众多，既有利润、科技成果、产品和服务的收益、科技转让收益等有形利益，也有如商誉、经验、品牌和企业形象等无形利益。吕海萍等（2004）、骆品亮和余林徽（2004）的研究表明，因利益分配问题而导致的联盟失败约占总失败率的50%，可见利益分配不均已然成为合作创新可持续化的阻碍因素。如何在成员企业间分配合作所产生的收益成为合作创新推动者必须充分考虑的问题。有收益便有风险，这种风险来自方方面面，如技术、市场、财务以及相互之间合作等，收益与成本、风险相匹配是利益分配必须遵循的基本原则，因而合作创新利益协同机制的第三层含义是建立有效的风险分担机制，只有在充分考虑各合作方投入成本以及承担的合作风险，才能就收益分配问题提出相对公平合理的解决方案。

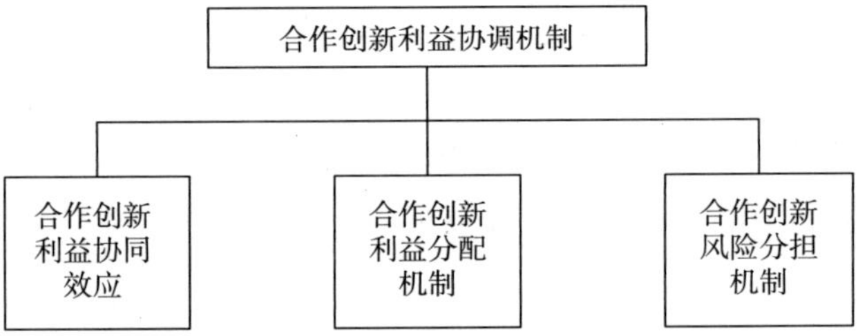

图5-6　合作创新利益协调机制的核心

（二）日本集成电路联盟：同业合作的利益平衡

20世纪70年代，日本集成电路产业发展缓慢，主要生产设备都从美国进口，但到了80年代中期，相关设备基本都实现了国产化，并且开始出口，至80年代末期日本半导体生产设备在国际市场上的占有率超过一半（周程，2008）。日本半导体产业的异军突起与该国VLSI联盟的成功运作有着密切关系。VLSI项目集聚了日本主要计算机公司，包括日本电气（NEC）、日立、三菱、富士通和东芝以及通产省的电气技术实验室（EFL）等。4年间，项目产生1000项专利申请，有600项获得了专利权，其中开发出了半导体加工过程中的关键设备——缩小投影型光刻装置，使得产业突飞猛进，也为日本公司在80年代末90年代初成功控制世界RAM（随机存取、存储器）市场和其他集成电路市场奠定了基础。而VLSI联盟的成功运作也为同业联盟中如何有效化解合作方利益矛盾提供了一个良好的典范。

1. 专注基础和共性技术创新

为了提高研发效率，联盟就技术领域的选择进行了深入的讨论，并依据“联合实验室负责基础和共性技术、企业负责非共性技术”的原则就技术研发任务进行分配。VLSI 联盟的联合实验室设立在 NEC 内，联合实验室的研发人员达百人，这些人员分别来自电气技术实验室以及日本电气（NEC）、日立、三菱、富士通和东芝五家公司。对于 VLSI 联盟而言，其总体目标是在实现 1M 动态随机存取存储器（DRAM）在未来 10～20 年的产业化，这里有几大关键技术：首先是提高芯片的集成度，要求能够突破高精度的加工技术；其次是攻克硅片的大口径化难题；最后还涉及大规模集成电路和超大规模集成电路的设计问题，此外还有生产工艺、产品检测评估等，前两项技术属于关键性技术，由联合实验室来负责解决，设计技术因其非共通性交由各参与企业内部研发机构自己研发突破，至于生产工艺处理、产品检测评估等其他众多环节也按“基础性与非基础性、共性与非共性”原则进行分配。

2. 核心技术同业平行竞争

联合实验室为了开展不同技术任务的研发工作，设立了高精度加工、硅结晶、工艺处理、检测评价和装置设计等多个部门。考虑到精度加工技术的关键性，参与联盟的五家企业都希望能够由自己的人员来担任这个部门的负责人以保障自身利益，尤其是日立、富士通和东芝三家公司，前期已经在领域进行了大量投资并有了不少的技术积累，十分担心如果其他公司牵头负责该项目，将可能会出现保留技术研发成果的倾向。与此同时，这些企业并没有对除高精度加工之外的其他部门表现出类似的热情。针对这种“冷热不均”的现象，联盟决定推行平行竞争的方式，日立、富士通、东芝各自牵头设立一个高精度加工部门，相互间同步研发，以避免互相猜疑。作为基础性技术部门，硅结晶部门由电气技术实验室的研究人员承担，三菱和日本电气（NEC）分别负责工艺处理部门和检测评价与装置设计部门，并且可以派一定数量人员参与三个高精度加工部门。鉴于三菱和日本电气（NEC）在该领域的技术基础较为薄弱，竞争性小，日立等三家公司并未反对。同时，日立等三家公司也需要派研发人员参与其他几个部门的研发工作，以保障充分交流与知识共享。为了加快技术研发，日本政府给予了充足的经费，4 年间，VLSI 项目的研究开发费用总额为 737 亿日元，平均每年 175 亿日元的研发费用相当于五大公司每年研发投入总和的 2 ~ 3 倍，其中通产省补助金为 291 亿日元，占通产省补助金总支出的一半以上。

3. 创新组织架构和协调方式

VLSI 联盟的成功还得益于组织架构的精心设计。理事会是 VLSI 联盟最高负责机构，理事会下设运营企划委员会，运营企划委员会下又设有经营和技术两个专门委员会，分别负责行政事务和技术开发。为了保障议事效率，联盟对理事会及委员会的人选进行了高规格的安排，其中理事会理事主要是五大公司的总裁及通产省官员，相互间轮流担任理事会主席，秘书长由通产省离职管理人员担任，因其较为熟悉各公司及通产省的人员便于沟通。运营企划委员会则由五大公司具体业务副总裁和电气技术实验室负责人组成，他们经常碰面就联盟重大事宜进行协商讨论并决议。此外，深入的沟通交流也是 VLSI 联盟成功的重要保障，在合作中，各个参与公司起初不愿意将优秀的研发人员派遣到联合实验室工作，担心技术外流甚至核心人才外流，为此联合实验室负责人以及通常省官员多次开展协调工作，最终打消了各方的顾虑，并成功缔造了联合实验室强大的研发团队。而且联合实验室在运行后也十分注重研发人员之间的沟通交流，经常发起户外旅行、节假日聚会等活动，邀请研发人员及其家属，大大拉近了研发人员之间的心理距离。

（三）苹果 App Store 模式：合作利益的创新分配

苹果公司所处的市场竞争强度高，产品技术更新换代十分迅速，然而面对众多的竞争对手和快速变化的市场需求，却一次又一次创造了市场销售的奇迹，2008 年，在美国的十大科技突破评选中，苹果公司所开创的 App Store 模式位列第一。所谓 App Store 模式是基于互联网、无线互联网整合第三方软件开发商和下游客户，搭建涵盖各类手机数字产品及服务的一站式增值业务交易平台（汪易易，2010）。App Store 的出现开创了手机软件业发展的新篇章，使得手机软件业开始进入了一个高速、良性发展的轨道。

1. 重构手机软件产业生态

传统手机软件都是运营商在手机中预装，消费者很少自己主动去安装应用程序，这主要是手机并不具备这样的技术基础，封闭式手机并没有预留消费者自己安装软件的功能。在这样的情况下，手机厂商承担了较高的软件成本，而且创意也十分有限。App Store 模式出现后，手机软件的销售模式从厂商预装转变到了自由销售。除了出厂时的基础必备软件，手机厂商预留大量的软件空间，消费者可根据自己的需求在 App Store 上进行筛选、购买以及安装。App Store 模式重构了手机软件产业生态，在这个生态中，苹果公司掌握 App Store 的开发与管理权，是平台的主要掌控者，负责提供平台、开发工具包、应用的营销工作。此外，苹果公司会引导程序开发者去关注、掌握广大消费者的需求，当应用程序开发出来后，苹果公司还会帮助其运营，就应用程序的定价、促销等工作提供专业性的指导。软件开发者主要负责应用程序的开发并就自主产品在苹果公司的规定范围内进行定价。在苹果公司和软件开发者的运营下，手机转变成了一个可以拓展的平台以及软件的"超市"，消费者的选择也因此变得多样化，而且操作便捷，简单注册并捆绑信息卡即可下载。

2. 缔造开放式创新平台

在一个开放的创新平台下，软件供应商之间会形成充分竞争，竞争的结果一是产品质量上升，二是产品价格下降，在 App Store 商店上绝大部分应用程序的价格低于 10 美元。通过这个平台，消费者不仅可以基于软件评分和其他用户分享实现众中选优，还能获得大量免费供应的便利程序，其吸引力可想而知。2008 年苹果 App Store 在上市短短三日之内，商店内可以下载的应用近千个，而消费者的下载次数近千万，而半年之后，这两个数字又呈现爆炸式增长，软件可下载数达 1.5 万个，消费者下载次数超 5 亿次。截至 2013 年底，App Store 商店的应用下载量再次刷新，达到 600 亿次，仅 12 月，App Store 用户下载应用次数达到近 30 亿次，成为 App Store 历史上成绩最出色的一个月。开放式创新平台得益于苹果公司的精心打造，Mac

的封闭式开放以及之后的失败带来了苹果公司经营方式的转变，在iPhone的开发中，苹果公司就开放了应用开发包供第三方应用开发人员免费使用，短时间内就得到了大量的第三方应用开发人员的追捧，而在App Store模式中，苹果公司将开放创新理念发挥得淋漓尽致。

3. 创新合作利益的分配方式

在传统软件开发中，软件开发者或内部化于手机供应商，或和手机供应商形成战略联盟，其收益固定于手机的销售量，软件开发者缺乏和用户的沟通渠道。而在App Store中，合作利益的分配方式得以调整，形成了开发者开发—应用商店上架售卖—收入分成的模式。对于软件开发商而言，有了一个直接面向消费者的产品销售渠道，而且平台上的潜在消费者规模数量庞大且日益增长。根据苹果公司和软件开发商之间的协议，App Store中每卖出一份下载，软件开发者获得七成利润，苹果公司得剩余的三成利润。巨大的潜在市场极大地激发了开发者的热情，吸引了无数的第三方软件的提供者参与其中，正所谓“利以诱之”。特别是优秀的软件开发商在这种模式中能充分体现出自身优势并获得高额收益。据统计，2013年底，软件开发者已从App Store中赚到了150亿美元，而完善的支付和结算体系保障了开发者的利益，简单的商业关系有效地排除了传统模式中容易出现的产权纠纷。

（四）合作创新利益协同机制的实现路径

利益协同是合作创新顺利开展的关键，如果说知识共享和创新程度决定了合作创新的高度以及能够创造利益的空间，那么利益协同的有效性决定了合作创新能走多远，如果无法平衡合作方之间的利益关系，那么合作创新以及相应的知识共享将成为空谈。利益协同机制不仅需要解决利益分配与风险分担之间的平衡问题，而且需要引入相应的激励机制和约束机制，两者相辅相成、互为补充。激励机制具有正向价值，即应有足够的回报使被激励者愿意付出最大的努力，达到所要求的目标，实现联盟成员资源的最优配置；约束机制具有反向作用，即应及时制止不合格的激励对象，最终使得动态联盟成员明确统一的目标，顺利完成项目，联盟成员利益最大化。结合日本集成电路联盟和苹果 App Store 案例，本书认为合作创新利益协同机制的实现必须把握的因素如图 5－7 所示。

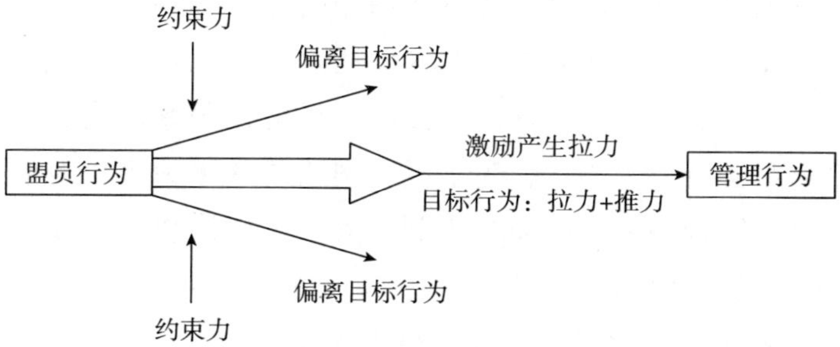

图 5－7　合作创新利益协同机制的实现思路

1. 谨慎设计合作联盟，提高合作透明度

信息不对称以及潜在的道德风险是影响合作效益的主要因素。为此，首先，在开展合作之前，盟员应尽量将外生性的不对称信息，如自身技术能力、核心资源、员工素质等变成共享信息，让合作方能够全面评估潜在的贡献度以及合作的可能性。其次，根据合作方的目标以及资源来慎重选择合作领域。技术领域的精心选择是日本集成电路联盟联合研究项目成功的关键，合作联盟共同开发的是制造 VLSI 所必需的通用和基础技术，是所有公司的技术利益所在。最后，根据合作目标设计联盟管理的治理结构，从理事会、运营企划委员会到技术研究室等，日本集成电路联盟精心设计组织架构，其目的在于促进合作企业各个层面员工，包括总裁、副总裁、部门经理、技术人员之间的有效互动，以降低信息不对称性。在合作透明度上，苹果 App Store 模式更具创新性，通过信息平台，不仅将合作方的付出变得具有可观察性，而且引入了来自用户这一重要第三方的公开信誉评价，同时通过销售收入的利益分成机制成功创造了一种双赢局面。

2. 完善契约约定，着重关注合作冲突

不同结盟伙伴具有不同的文化背景和管理风格，加上各自的利益诉求以及利益分配的不完备使得联盟合作中不可避免地出现冲突。合作冲突如果不及时解决会在很大程度上打击盟员的积极性，甚至为了一己私利背叛与盟主的契约，追求自身利益的最大化。在日本集成电路案例中，几大公司就高精度加工技术问题出现了明显的冲突，为了解决这个问题，日本政府引入了并行研发竞争机制，让日立、富士通、东芝三家公司同步研发，并禁止三菱电机和NEC的参与，较好地平衡了各参加项目公司的利益，成功化解了同业冲突。当然在必要的时候，还是要引入制裁机制，如经济利益惩罚或名誉惩罚，使破坏信任所带来的今后合作关系的丧失及利益损失大于当前机会主义所得。当然，为了提高契约的约束力度以及制裁机制的有效性，可以采用合约的自我履行机制、第三者协调机制以及最终的法律诉讼解决机制来加以保障（张梅，2010）。

3. 强化协同理念，建设联盟文化促进相互信任

强化联盟成员协同理念，促使联盟成员为获得长远利益而主动建立信任关系。在这个过程中，非正式的沟通渠道建设十分重要，信息沟通问题通常是引起矛盾的原因，而很多信息无法在正式渠道全面传递，需要搭建内容丰富的非正式渠道，在这一点上，日本通产省的官员在日本集成电路联盟中发挥了重要的作用，为了缩小各个企业的科研人员之间的心理距离，他们会经常组织发起户外旅行、节假日聚会等联谊活动，以构建传递及时、形式多样的信息网络平台。还可定期开展跨文化管理培训塑造联盟团队形象，本着共赢的合作理念，积极沟通，保持良好的战略协同关系，在相互理解和认可的氛围中确保联盟协议条款的有效落实，同时开诚布公的态度将有利于知识的交融，特别是内隐式技术和知识的转移、学习以及吸收。

四、后发国家产业链治理机制

（一）产业链治理机制的内涵

作为后发国家，我国在大多数传统工业领域已经失去了产业链的主导权，长期以来，发达国家依据技术优势和市场势力占据产业链高端，从事

高创新率、高附加值和高进入壁垒的核心部件生产，发展中国家从事惯例化的、低附加值和几乎没有进入壁垒的劳动密集型生产环节，而我国众多企业由于缺乏通过追踪研究前沿技术、搭建新技术平台、系统整合产业链相关技术创新资源的能力，与国外巨头主导产业链的能力相差甚远（朱瑞博，2010）。

而战略性新兴产业之所以是个发展契机，在于产业主导设计与发展路径未明确，很多产业无论我国还是发达国家都处于发展初期，因而我们的企业将有机会通过产业链治理来获取主导权。不过有学者指出，在模块化生产体系下，技术平台的“跳跃式”发展特点和平台技术的“黑箱化”特征的存在使得后发国家的赶超更具难度，发达国家则可以更好地整合已有技术模块，不单是功能整合，更是隐性知识技能的整合，无形之中会加大技术创新差距，因而后发国家作为技术引进方容易陷入引进—落后—再引进—再落后的技术发展陷阱（苏敬勤等，2008）。面对战略性新兴产业发展存在的机遇以及模块化体系下后发国家赶超的现实困境，一个有效的产业链治理机制是十分必要的。

所谓产业链治理机制是指借助制度或机制的设置协调和组织产业链各环节的价值创造活动的行为，旨在推动本土企业掌握产业链、技术链的核心环节，并依托此赶超发达国家，在全球市场有效构建基于模块化分工的生产体系。换言之，在战略性新兴产业发展中，我们不仅需要模块供应商，致力于挖掘模块部分的隐性知识，更需要发展系统集成商来构建和修正设计规则，引领模块化生产网络的发展。进一步地，在技术链层面，治理机制将推动基于关键模块形成的平台技术和系统技术、一般技术的协同发展，在产业链上，表现为模块设计和制造技术的有效协同。

（二）比亚迪：基于关键技术模块的纵向整合

比亚迪成立于 1994 年，最初的业务是生产电话电池、手机电池等，2002 年其所生产的镍镉电池和镍氢电池规模分别居全球第一位和第二位，超过了很多大型公司，如 SANYO 和松下等。凭借电池业务所积累的客户进入手机代工业，2003 年成立了比亚迪汽车有限公司，开始了汽车自主品牌之路，2010 年，美国《商业周刊》评选全球 IT 业一百强，比亚迪超越苹果成为全球最具创新的企业（郭燕青、时洪梅，2010）。如今，比亚迪正努力从传统三大业务锂电池、手机部件、汽车转向光伏、储能电站、电动汽车，成为一家拥有新能源生产、供应、消费全产业链的创新型公司。可以说，比亚迪的发展之路对于后发国家企业具有很强的示范性：

1. 专注研发攻克关键技术模块

比亚迪最初专注于镍镉电池，区别于其他厂商通过购买电芯来做组装，比亚迪从一开始就做电芯——充电电池的核心部件，利用低成本劳动力，比亚迪自制半自动设备，大幅降低电池生产线设备高昂的成本问题。相比日本公司，比亚迪生产的电池总体成本低了 40%，无疑具有巨大的市场优势。在镍镉电池技术成熟后，比亚迪又开始研发蓄电池市场具有核心技术的产品——镍氢电池和锂电池，并很快投入量产。在进入汽车领域后，比亚迪还是紧紧抓住核心技术模块，如模具研发，同样的品质，在比亚迪的售价仅相当于日本的 1/3 和欧美的 1/6，从而为整车的低成本制造奠定了良好基础。关键技术模块的成功突破来源于高强度的研发投入和对知识产权的高度重视。比亚迪的研发体系由中央研究院、汽车工程研究院、电力科学研究院及各事业部的下属研发部门共同构成，共有研发人员 16000 余人，2013 年比亚迪研发投入达 12.79 亿元，占收入比达 5.77%，远高于同类型其他汽车企业。而比亚迪还专门组建了 200 多人的知识产权及法律部，在有效规避国外公司专利网的同时加快自身专利申请和知识产权保护（见图 5－8）。

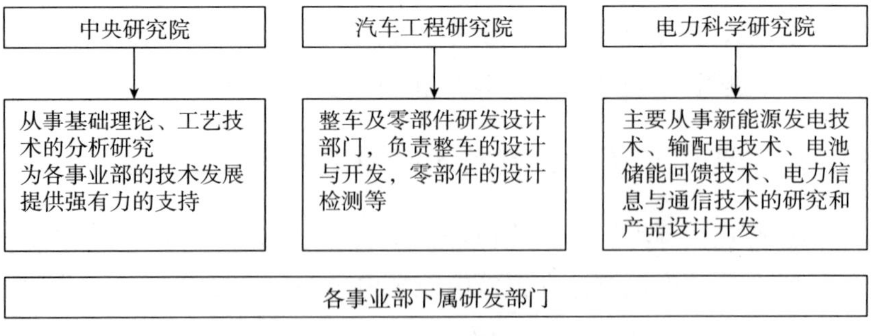

图 5－8 比亚迪集团研发体系

2. 基于关键技术模块整合产业链

依托电池技术以及电池业务产生的手机客户，比亚迪进入手机行业，成为全球最具竞争能力的手机部件及组装业务的供应商之一。2003 年通过收购原西安秦川汽车有限责任公司开始从事汽车业务，发展至今，已建成西安、北京、深圳、上海四大汽车产业基地，并具备了很强的产品设计、制造以及检测能力。正积极布局未来可再生能源电力系统的发电端和储电端，以及未来围绕可再生能源电力下游利用的电动汽车。从最初的电池业务到手机代工业务，从手机代工业务到汽车产业再到如今的新能源、新能源汽车产业，比亚迪都紧紧抓住了技术原理的相通性，利用各大产业之间的关键技术契合点实现产业链的整合。例如，手机和汽车之间的契合点，即在模具制造技术和外壳设计经验，电池和汽车之间的契合点，则是铁电池，比亚迪二次充电电池的生产经验为其电池和汽车之间找到了共同点。在传统汽车和新能源汽车之间，比亚迪的汽车制造、磨具研发和车型开发等方面的经验提供了扎实基础。而比亚迪储能电站原材料来自公司自身的磷酸铁锂电池和技术，同样具有很好的原材料、技术和生产的共享性（见图 5 -9）。

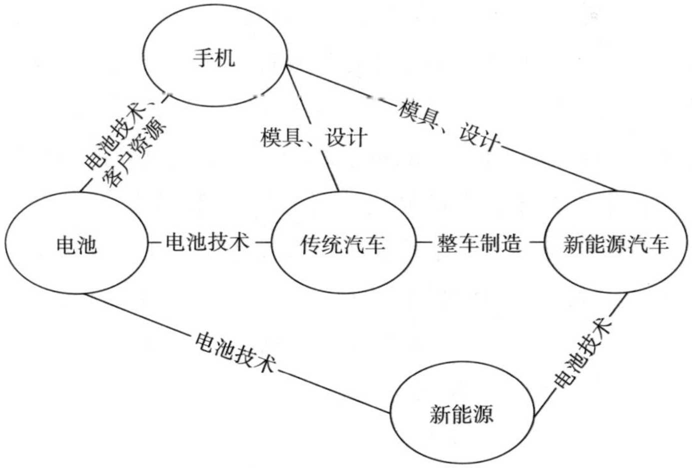

图 5 -9　比亚迪基于关键技术模块的产业链整合

3. 基于本土需求创新商业模式

比亚迪新能源汽车业务较为领先，公司旗下新能源汽车产品包括纯电动公交大巴 K9、纯电动乘用车 E6、插电式混合动力轿车“秦”以及 2014 年陆续上市的高端纯电动乘用车腾势、插电式混合动力 SUV“唐”。新能源汽车的市场推广存在较大难度，而比亚迪基于本土特点，将推广重点放在了出租车和公交汽车而非私家车上，并且创新了商业模式，如发展电动汽车的租赁模式：2010 年成立深圳市鹏程电动汽车出租有限公司，这家公司主要采用了承包的方式，基于承包合同，出租车司机每月缴纳一定费用，而公司提供基本薪酬等，从 2013 年第一季度开始，该公司开始扭亏为盈，营收 3000 多万元，净利润达到 500 多万元。此外，比亚迪还通过与国家开发银行等金融机构合作，以融资性租赁、经营性租赁和买方信贷等创新方式实现新能源汽车“零元购车”。

（三）浙江铭众：基于本土市场需求的逆向整合

浙江铭众是以浙江大学和中山大学的教授以及后续加入的华盛顿大学的教授为协同创新领军团队，发起而先后成立的杭州铭众生物科技有限公司、浙江铭众生物医学创业投资有限公司和浙江铭众生物医用材料与器械研究院组成。经过多年发展，浙江铭众以自主创新和替代进口为科学研究及产业化方向，汇集了国内外在生物医用材料与器械研究应用领域的优秀团队和相关产业化资源，积极倡导产业协同创新。截止到 2013 年 5 月，除已上市销售的“可崩解肠道吻合器”外，还取得了基于生物医用材料的医疗器械和有源医疗器械 6 项成果，陆续获得产品注册号，其中 2013 年下半年在浙江绍兴高新区建成生物医用材料、医疗器械和有源医疗器械 3 条中试生产基地。此外，与已获得的 7 项国际国内发明专利一起，获得了 40 余项国际国内发明专利，与之相关的产品生产线也在浙江绍兴高新区等地落户生产。

1. 基于本土市场需求的技术创新导向

浙江大学和中山大学教授组成的领军团队本身是生物科技领域的技术专家，对该领域的产业分布、市场需求和全球研发团队布局非常熟悉，认为该产业具有很大的发展潜力和市场前景，通过调研和分析，认为生物医用材料与器械细分产业是一个可以发展的方向。首先，医疗器械是保障人类健康的必需品，该市场在很长一段时间内都处于高速增长期；其次，生物医用材料是医疗器械产业的重要基础，其产品占医疗器械市场的40%~50%，其规模必然不容小觑。于是在2009初，发起成立了杭州铭众，开始探索生物科技产业协同创新的可行模式和路径，并将首个产品确定为“可崩解肠道吻合器”，该产品当时仅美国的一家企业具备生产能力，而国内又有着巨大的市场需求。在明确“做什么”的基础上，浙江铭众基于产业链层层分工，用协同创新的方式在全球范围内布局技术研发团队、生产团队以及营销团队，创新解决“怎么做”和“由谁做”问题。

2. 打造“研发、投资、产业化”三大平台

围绕研发、投资和产业化，浙江铭众积极打造三大平台，其中研发以铭众研究院为主体，是主要的运营平台和研究平台。研究院集聚国内外9所著名大学100余名专家，其中包括诺贝尔生理医学奖得主、美国科学院院士、千人计划团队、长江特聘教授、临床医学专家等，专家的专业涉及生物材料、工业造型、结构设计与制造、数字音像、嵌入式软件系统、移动健康、临床医学等领域。投资平台以铭众创投为主体，铭众创投是由杭州铭众控股，绍兴市科技创业投资有限公司和浙江红榕创业投资有限公司共同投资成立的，注册资本达1亿元，成为研究项目主要风险投资人，也是研究成果产业化的专项投资和扶持引导基金。浙江绍兴高新区及其他产业化接产企业构成协同创新的产业化平台。就产业化环节，由于项目选取时经过了深入的市场分析，其市场需求和潜力是可预期的，项目产业化由谁接产是浙江铭众与地方政府、产业化投资人和接产企业的谈判筹码。根据权利和义务的约定，绍兴高新区为约定产业化落户主要基地，产业化项目有责任向其他产业化和创新投资方倾斜。

3. 构建权责明晰、优势互补的协同创新体系

浙江铭众主导的产业协同创新由铭众研究院的项目筛选为起点，铭众研究院投资与项目管理部通过调研提出立项申请，铭众研究院院长办公会议讨论、审核和批准立项，再由铭众研究院投资管理中心负责，其他相关部门、创新主体和临聘专家团配合，进行项目可行性调查和论证，最后，铭众研究院院长办公会议讨论和审核，形成批准意见。在这个过程中，会积极向临床医疗专家和医疗器械销售代理商了解产品的市场需求状况并在全

球范围内筛选研发、产业化和销售等环节的创新主体。为了保证研究投入，铭众创投和相关投资公司投入研究资金，铭众研究院也按1∶1配套投入绍兴高新区提供的扶持资金。接产企业、铭众创投和其他投资公司等产业化公司负责产品的形式检验、获得生产企业许可证、临床试验、获得产品注册号等具体产业化前期工作，在取得产品注册号后，由接产企业、铭众创投和其他投资公司等共同投资成立的产业化实体公司负责生产和销售产品，在项目前期提供市场信息等服务的代理商有权优先成为销售代理商。在衔接和产业化过程中，铭众研究院管理团队和研究团队全程积极配合，在产品取得注册号后，可获得由接产企业提供并由铭众研究院院长办公会议负责分配的其他相关利益（见表5－1）。责权明晰、优势互补的创新体系大幅加快了浙江铭众的创新速度，该公司第一个产品“可崩解肠道吻合器”，实验项目所花时间远远少于专家估算的5～7年，仅用了2年就拿到国家食品药品监督管理局认证颁发的产品注册号并获得了国家发明专利授权。

表5－1　浙江铭众协同创新体系和制度

创新阶段		铭众研究院		研究投资人		产业化公司	销售代理商
		管理团队	研究团队	铭众创投	绍兴市政府		
责任和义务	项目筛选阶段	负责筛选	配合	配合	配合		提供信息
	项目研究阶段	负责管理 协调履约	项目研究	主要出资	配套出资		
	衔接阶段	负责管理 协调履约	配合	配合	配合	负责落实	
	产业化阶段	协助接产 顾问支持	顾问支持			出资；兑现其他利益	代理销售
权利和利益		奖励； 其他利益	研发费用； 其他利益	研究成果的主要权利人	成果优先在绍兴产业化	产业化权利人	销售代理权

（四）后发国家产业链治理机制的实现路径

作为后发国家，与发达国家的技术差距长期存在，那么如何在发达国家的技术围堵中构建模块，整合产业链，形成竞争优势？苏敬勤等

(2008) 指出后发国家是技术水平和技术能力的双重追赶，可从外围技术向核心技术逐步突破，在经过几轮模块化产业的平台更新后，后发国家技术能力不断积累并实现追赶。武建龙和王宏起（2014）较为系统且清晰地指出，后发国家在战略性新兴产业发展中存在四种策略：一是基于外围技术的升级渗透策略；二是基于关键模块的突围策略；三是基于产业架构规则的创新再造策略；四是模块技术和架构规则同步颠覆策略。他们的第一种策略关于外围模块的突破与苏敬勤等（2008）的外围—核心演进思路类似，旨在利用我国强大的低成本创新优势和大规模工程化能力，逐步提升技术能力。第四种策略模块—架构提升路径是一种综合。通过架构创新，创新者可以打破原来产业标准的桎梏，着眼于产业发展的瓶颈问题，引进新技术变量，以系统设计师的身份重新设计关键模块与通用模块、专用模块之间的界面和标准（Zirpoli & Camuffo，2009）。吴义爽和蔡宁（2010）认为我国产业集群应放弃渐进式升级模式而采用高端直接嵌入全球价值链的跨越式升级模式。朱瑞博等（2011）提出架构创新为后发企业占据有利的生态位提供了难得的机会窗口，是企业生态位优化和实现跨越式赶超的有效方式。一般而言，关键模块的突破必然带来系统规则的变化，而系统规则变化也会带来关键模块的调整，因而从驱动上看，这种策略还是可以简化为第二、第三种策略，即关键模块突破和架构规则重构。

从过往传统产业的竞争中我们可以看到外围模块高端渗透难以带来颠覆式创新，更多的是“引进—消化—落后—再引进”。尽管我国战略性产业处于发展初期，但从长远来看关键模块重点突破以及架构规则的颠覆尤为重要。不过从案例中可以看到，浙江铭众生物走了一条本土市场需求导向的逆向整合道路，与比亚迪有所不同，铭众生物先确定了目标市场，再以风险投资商的运作方式在全球进行创新资源布局，并在短期内取得了良好的创新成果，这也为后发国家的产业链整合提供了一种新的模式。

结合浙江铭众生物以及比亚迪新能源汽车的实践，本书认为后发国家在战略性新兴产业链的治理中需要把握的因素如图 5 - 10 所示。

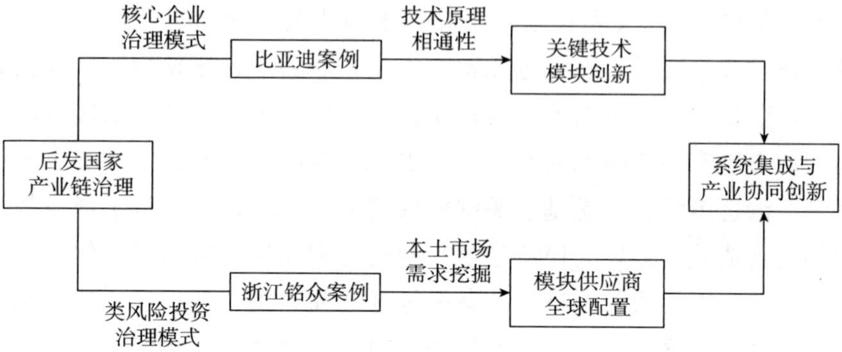

图5-10　后发国家产业链治理机制的实现路径

1. 集中研发力量突破关键模块，并寻求不同产业的融合发展

技术原创性是关键模块形成的重要基石，而技术员创新性需要大规模的研发投入和强大的创新能力，这也是发达国家长期能掌握产业竞争优势的核心所在（武建龙和王宏起，2014）。关键模块是产业链的核心价值环节，借助这种关键环节的竞争优势能够获得对其他环节协同的主动性和资源整合的杠杆效益。而从投入回报来看，集中优势研发力量可提高自身在产业链关键模块的竞争力，相对于四处开花的产业链治理模式，能够更为有效地提高企业的市场势力。因而对于有一定技术条件的企业来讲，必须将资源集中于此环节，以培育核心能力，构建集中的竞争优势。比亚迪汽车正是认识到这一点的重要性并予以充分实践才能够成为产业链的主导企业，而且为了发挥关键模块的重要价值，降低关键模块的投入风险，可以关键模块为支点，探索不同产业协同发展的可能性。从电池、手机到汽车再到新能源，比亚迪将电池、设计、模具等关键模块的应用发挥得淋漓尽致，充分构建起了基于关键模块的产业链协同优势。

2. 本土市场需求也应成为架构规则颠覆的重要突破口

顾客诉求的焦点构成了产品所需要实现的核心功能，在模块体系中处于关键位置，而带有民族国家特点的本土需求是一种跨国公司无法“充分吸收”的市场缝隙（曹亮等，2008）。例如，我国的自主开发汽车企业吉利和奇瑞的兴起正是抓住了本土中低端汽车市场的旺盛需求。尽管国内已有了众多的国外汽车品牌，而且这些品牌的性能都较为突出，但其价格也超过了大多数消费群体的承受能力。吉利和奇瑞等公司所推出的经济型汽车价格多在10万元以下，且外形亮丽，在很大程度上满足了消费者，特别是年轻客户求新求变的心理，又无需太高的费用，因而在短时间便获得了市场认同，树立了品牌形象，此后通过逐步提升产品性能，完成一次次基于本土市场的成功突破。浙江铭众同样是深入挖掘市场需求，基于市场空缺来设计产品，在设计产品的过程中，同步明确产品不同模块的提供者以及产业化运作方式、销售渠道等。对于后发国家的企业而言，根据消费者对产品差异化要求进行产业架构规则持续个性化重构，将大大提高产业链整合的效率和竞争力。

3. 利用人才和资本优势在全球范围内配置模块供应商

与比亚迪不同，浙江铭众生物并不具有强大的创新能力和创新基础，但是该公司采取了类似风险投资商的运作模式，一是在全球范围内配置高端人才组建技术团队，这些团队的功能并不是自己直接研发，更多是分析由谁来研发，实际上是由这些专家来围绕技术变革和市场需求对产业架构规则进行重新认识，抢先设计更具创新性的产业架构规则以及技术模块优化组合方案。二是利用资本优势在全球范围内投资、配置模块供应商，通过各种合作方式（如技术购买、入股等）来实现相互间的利益共享。在前面的研究中，系统集成商有风险投资商和领导企业两种类型，如果说比亚迪是属于领导企业运作下的系统集成，那么铭众生物的模式实际上对于风险投资商模式的变革创新，并以强大的技术团队突破了普通风险投资商存在的视野局限，而利用资本优势的全球配置也有效地规避了国外基于产业保护而缔造的技术贸易壁垒。

第六章

新型创新主体与战略性新兴产业双链融合

企业、高校以及科研院所是战略性新兴产业创新的核心主体。在全球创新竞争白热化的背景下，越来越多企业不断强化自身对技术研发及基础研究的投入，形成了研发型企业、科学型企业模式。越来越多高校和科研院所也逐步走出象牙塔，通过产业资本实现产学研内部一体化，形成了新型研发机构、创业型大学等模式。与此同时，在平台战略牵引下，这些主体着力从技术链、产业链模块供应者向构架创新者转化。不仅互联网企业广泛推广平台模式（如阿里巴巴、百度、京东商城），而且传统制造企业也开始实施平台化转型（如海尔集团、传化集团），基于架构创新的平台化运营成为这些创新主体开展产业链治理的重要探索。基于创新活动集成及创新功能拓展所形成的新型创新主体为战略性新兴产业从双链失衡走向双链融合提供了主要支撑。

一、新型创新主体的涌现及理论基础

（一）新型创新主体的涌现

1. 研发型/科学型企业

放眼全球，处于各产业细分领域塔尖位置的优秀企业，莫不是以技术创新能力作为核心竞争力，在研发经费投入，顶尖技术人才规模等方面，遥遥领先于同类企业，企业研发水平与相关领域顶尖研究机构相比毫不逊色。更为重要的是，越来越多龙头企业意识到模仿、跟随式研发已经走到尽头，技术变化很快，如果按照传统的由高校先做基础研究、再做技术研发、工程试验及产品开发等实践将失去战略机遇：一是传统研发模式在时间上过于漫长；二是高等院校、科研机构由于距离市场较远，难以有效捕捉技术创新动向，很多基础研究并不切合实际需求。

因此，介入基础研究领域并且同步考虑技术及产业化问题成为企业抢占技术制高点的重要战略导向。针对这一趋势，学者在原有研发型企业、科技型企业讨论的基础上，进一步提出了科学型企业的概念。所谓科学型企业是以科学家为主体，以科学研究为主要活动，以科研成果及其知识产权为主要盈利手段的特殊企业形态。与其他类型的企业一样，科学型企业也是以盈利为目的，运用各种生产要素，自主经营、自负盈亏、独立核算的具有法人资格的社会经济组织（李天柱等，2014）。在科学型企业中，科学家在员工中占据相当比例且能够对企业战略决策产生实质性影响。

在人工智能、大数据、生命科学等领域，越来越多企业围绕产业需求开展前沿理论探索，不断强化科学家以及基础研究在企业发展中的作用，形成了朝科学型企业发展的重要趋势。从美国基础研究投入结构来看，2012 年以来该国企业的基础研究投资占比不断上升。根据 NSF 的年度商业研发和创新调查（该调查跟踪了 46000 家公司的研究活动）显示，2008～2014 年，美国企业在基础研究上的支出几乎翻了一番，从 139 亿美元增加到 245 亿美元，其中制药公司的基础研究投资从 30 亿美元上升至 81 亿美元。互联网公司在基础研究领域的影响力逐步加大，据统计，在全球人工智能研究机构中，微软、IBM 和谷歌科学家影响力分别居第 1 位、第 6 位以及第 9 位[①]。同样地，我国一些民营企业也逐步进入“无人区”，对基础研究的投入日益加大。如华为在全球建立了 16 家研究机构、28 家

① http：//www. 199it. com/archives/772012. html。该排名将人工智能分成 21 个子领域对应核心期刊和会议最近 10 年的论文，并从中挖掘出每个领域全球最具影响力的学者各 100 名左右，进而对这些学者所在机构进行统计。

联合创新中心，研发人员达到7万余人，每年150亿~200亿美元的研发费用中有20%~30%用于基础研究工作。阿里巴巴于2017年先后成立达摩院和罗汉堂两个研究机构，其中达摩院着重开展基础科学、颠覆性技术和应用技术研究，涉及机器智能、数据计算、机器人、金融科技、X实验室五个领域14个实验室，罗汉堂则集聚了社会学、经济学、心理学等领域顶尖专家共同研究与科技创新伴生的社会经济形态变化等重大课题。

2. “四不像”的新型研发机构

新型研发机构是近年来涌现出的一种新的研发组织形式。不同于传统的以学术研究和人才培养为主的研究机构，新型研发机构大多由政府、高校、院所和企业等不同主体共同组建，兼顾技术研发与创新创业两个目标，既立足于前沿科技研究，又追求实现科技成果的产业化，是投资主体多元化、管理制度现代化、运行机制市场化、用人机制灵活的独立法人机构。在运行方式上，表现为“四不像”：既是大学又不完全像大学，文化不同；既是科研机构又不完全像科研院所，在内部运行和管理上一般采用“企业化运作”模式和“非营利机构管理”模式（吴卫、银路，2016），内容不同；既是企业又不完全像企业，目标不同；既是事业单位又不完全像事业单位，机制不同。

1996年12月，深圳市政府与清华大学联合成立了深圳清华大学研究院，揭开了广东省新型研发机构建设的序幕。此后以深圳华大基因研究院、深圳光启高等理工研究院为代表的新一批民办非企业性质的新型研发机构纷纷成立。统计显示，2017年广东省科研单位发明专利授权前十名单位中多数是新型研发机构。基于深圳、广州等地的成功实践，新型研发机构的星星之火开始燎原。2015年中办、国办印发的《深化科技体制改革实施方案》中提出“制定鼓励社会化新型研发机构发展的意见，探索非营利性运行模式”。2016年在《国家创新驱动发展战略纲要》中将新型研发机构作为引领创新发展的创新主体之一，明确提出“发展面向市场的新型研发机构”。2017年《国家技术转移体系建设方案》提出“加快发展新型研发机构，探索共性技术研发和技术转移的新机制”，2018年新型研发机构被写入政府工作报告。在各类政策推动下，全国范围内兴起了建设新型研发机构的热潮。

3. 平台型主体

平台（Platform）概念最早出现在新产品开发的研究文献中，后广泛使用于技术创新、产品制造、网络产业组织等领域，通常指一种在技术、产品、交易系统中具有基石作用的建构区块（Building Block）。随着市场环境和顾客需求的不断变化，人们对组织与环境之间的关系认识也趋于改变，在生态理论的影响下逐步倾向于将企业建设看成一个生命体，将产业链治理视为生态系统。对于企业而言，成为产业平台或者利用平台战略正成为一种主流的促进成长、获取竞争优势、创造财富的战略或商业模式。

在全球最大的100家企业中，有60家企业的主要收入已来自平台商业模式。以沃尔玛的产业生态系统为例，该系统允许全球6000家供应商分享其实时销售信息、发展战略和网络群体文化，而研究表明，沃尔玛的商业生态网络为它带来近35%的成本节约（或利润获得），创造了绝对竞争优势。同样以淘宝网为例，在2013年依附于淘宝网的卖家数量就达900万家，其中活跃的有300多万家。据工信部统计，在工业互联网领域我国具备行业、区域影响力的平台超过50家，重点平台平均工业设备连接数近60万台、工业App达1500个，注册用户数平均超过50万。这些平台汇聚共享了设计、生产、物流等制造资源，有效整合了产品设计、生产制造、设备管理、运营服务等数据资源，开展面向不同场景的应用创新，不断拓展行业价值空间。

美扬西蒂和莱维恩（2004）认为占据中枢位置的核心企业承担着搭建平台的作用，一是为组织系统创造价值，二是与其他成员共享价值。核心企业与整个生态系统共命运，其行动影响整个系统的健康。核心企业的资源整合遵循了由规模经济到专业经济到模块经济再到网络经济的演化路径（赵红岩，2008）。例如，英特尔、微软、沃尔玛、苹果、IBM、阿里巴巴等公司在其产业生态系统中都属于核心型组织，这些主体的平台化打破企业和产业边界，使企业在组织创新活动时具有一定的弹性：一方面不断集聚和吸纳新的力量和营养——优秀成员企业或创新要素资源，另一方面不断淘汰对创新价值不大的主体——如不合格的企业。借助平台的开放性，物质、能量和信息的交换和企业之间交流使创新与创意不断涌现，提升了产业链创新能力（田洪刚，2017）。

（二）理论基础

正如约翰·齐曼所说，当前科学在总体上已经从学院科学进入后学院科学或产业科学时代，科学不再局限于传统的求知，而是更加贴近市场创富和社会价值创造。从研发型企业、科学型企业以及新型研发机构可以看出，企业和研发机构之间的边界模糊。新型创新主体的探索表明人们对创新活动内在规律以及科技、技术和市场之间关系的认识逐步深化，而平台企业的价值主要源于对架构创新的深入研究。

1. 巴斯德象限理论及拓展

1974 年万·布什在《科学——无止境的边疆》中提出两个基本观点：一是基础研究本身是不考虑实际后果的；二是基础研究是技术进步的先驱，有长远、根本的意义。受布什思想范式的影响，产生了由基础研究到应用研究与开发，再转化为生产和经济的发展模式。

1997 年，美国普林斯顿大学斯托克斯教授针对线性创新模型存在的问题，总结美国战略科技政策的实际变化，认为基础研究与应用研究之间界限并不分明，一方面技术越来越多建立在科学的基础上，另一方面技术发展成为科学研究更为重要的源泉。在此基础上，根据“是否追求知识发现”和“是否考虑应用”提出科学研究的象限模型，划分出四个象限（见图 6-1）：左上方的象限代表的是纯粹由好奇心驱动的基础研究，称为波尔象限（Bohr's Quadrant），波尔对于原子结构模型的探求是极为纯粹的自由发现。右上方的象限代表的是应用激发的基础研究，称为巴斯德象限（Pasteur's Quadrant）。巴斯德对甜菜汁酿酒问题的研究成功地促进了发酵技术，对社会有直接的应用价值。但同时这一研究也是杰出的基础研究，大大地拓展了人们对生物世界的理解。右下方的象限代表的是纯粹面向应用的研究，称为爱迪生象限（Edison Quadrant），爱迪生对电照明研究以商业应用为主要目标。左下方的象限代表的是既没有探索目标也没有应用目标的研究，如研究昆虫标记。

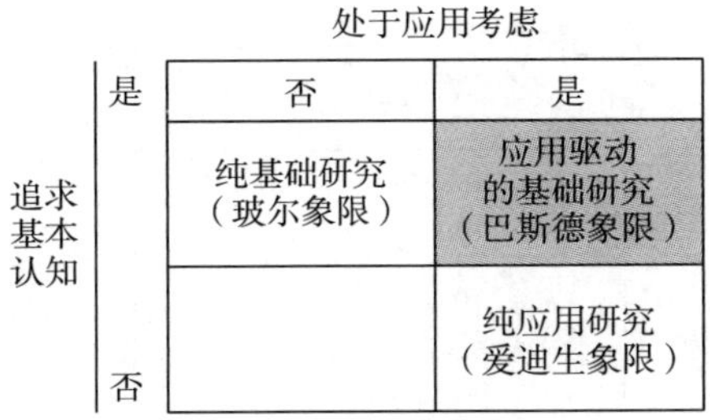

图6－1　巴斯德象限模型

巴斯德象限理论将应用引起的基础研究从笼统的基础研究中分离出来。寻求对科学问题的基本理解，同时关注了两种影响力：一是科学家们对研究活动本身的判断；二是政府部门关于社会对研究活动需求的判断。

在巴斯德象限基础上，刘则渊和陈悦（2007）提出随着科技一体化进程的加快，以及高新技术的崛起，很难区分某项研发活动是以应用为目的还是以理论认识为目的，在此基础上将斯托克斯的研发目的象限模型变换为研发形态象限模型，以科学研究和技术开发作为纵横左边的科技象限模型。因此将原有的巴斯德象限拓展为基础研究与应用研究并存的新巴斯德象限，也成为技术科学象限。此外，考虑到当前公众对科学的理解正发挥着越来越重要的作用，并直接影响政府的管理和决策科学（张健等，2013），特别是信息和互联网技术的兴起，极大地方便了科学家、爱好者和志愿者之间的交流与合作以及数据收集，掀起了公众科学的新趋势。Tijssen（2018）引入了用户影响，将巴斯德象限拓展到了三维模型（见图6－2），并关注了不同类型的研究者，分别为科学导向研究者（Science Oriented Researchers）、应用导向研究者（Application－oriented Researchers）、用户导向研究者（User－oriented Researchers）以及跨界研究者（Crossover Researchers）。在上述相关模型的指导下，科研观念有了重大转变，也引发科研机理政策的变革，各类不同于布什范式下的应用研究与基础研究相融合的新型创新主体应运而生。

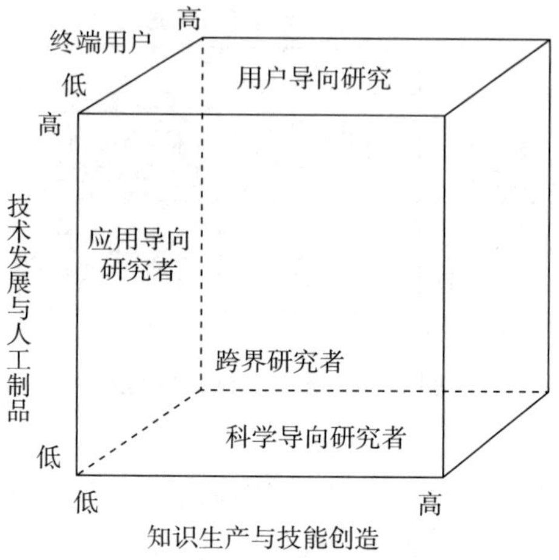

图 6－2　巴斯德象限模型拓展

2. 基于平台的架构创新研究

架构可以理解为决定一个系统内参与人如何进行劳动分工、谁生产什么、谁得到什么的框架或模板。基于架构的创新是对产品构成、组织结构和生产流程的系统性创新，它不仅反映了产品构成要素之间相互依存和功能分担关系的改变，还反映了产业系统内各利益主体之间互动关系的改变（朱瑞博等，2011）。与单一的模块创新相比，采取架构创新的企业对其所在的价值生产网络及整个产业系统都具有更强的影响力和支配力。

关于平台的理解，产业组织经济学视角认为平台型企业是为双边或多边市场塑造公共交易界面并提供嵌入于界面中的产品、服务或技术的经济组织（Weyl，2010；Hagiu，2014）；技术管理视角将平台型企业视为公共技术架构或模块系统的开发者与运营者（Cennamo & Santalo，2013；Gawer，2014；Satish et al.，2018）；战略管理视角则指出平台型企业是协调安排不同利益群体，成功构建发展平台、承担治理功能并处于平台生态系统中心位置的组织（Eisenmann et al.，2011；Thomas et al.，2014；Zhu & Liu，2018；Eckhardt et al.，2018）。

无论哪种视角，都将平台型企业及其建构的网络架构理解为引发集聚发展的母体。给定区块，大量相互具有技术、组织、产品关联的企业可据以集聚、分工、衍生、竞争与合作（Tee & Gawer，2009）；而缺乏这一区块的构建，这些企业间关系将变成一盘散沙，具有集体行动意义的系统功能将丧失，或者效率大为降低。换言之，这种平台作为其他企业发挥功能的必要、共享的“互补品”，并由于平台供给者在核心技术、组织间界面、竞合规则等方面的设定和领导，使得众多企业之间的分工、合作、竞争等行为模式与认知框架逐渐强化，形成一个可以整合系统产品和服务供给、增强系统机体创新能力的“产业生态系统”（Eisenmann et al.，2006）。Baldwin 和 Woodard（2009）认为，平台之所以重要在于提供了相对稳定不变的基础性技术架构，使得其他互补品生产者可以按照一定的界面准入规则、技术兼容标准而生产大量多样化的产品或服务。

二、新型创新主体在双链融合中的作用

企业本应该是技术创新的主体，但我国长期受计划经济体制的影响，市场发育总体上不够成熟，表现为生产型企业较多，高科技企业较少，研发实力普遍较弱，多数企业还没有真正成为技术创新的主体，很难实现通过产业链部署创新链。相比传统生产型企业，研发型企业、科学型企业的出现对于双链融合而言，实现了技术链供给的产业链前移，真正承担起了技术创新的主体作用。相比传统研发机构，新型研发机构的出现实现了产业链供给的技术链前移，有效弥合了科技成果从技术研发到产业化之间的“死亡鸿沟”，大幅提高了科研成果转化效率。与此同时，从事科学工作有助于提升企业知识基础，更好地监测、识别、吸收和整合外部知识来源（Arora & Gambardella，1994；Cohen & Levinthal，1990），这对于推动技术链和产业链合作搭接有积极作用。总体而言，新型创新主体沿着创新活动复合化及创新功能高端化两个维度演进，在战略性新兴产业双链融合中发挥着单

链架构创新、跨链模块供应以及跨链架构创新三方面作用（见图6-3）。

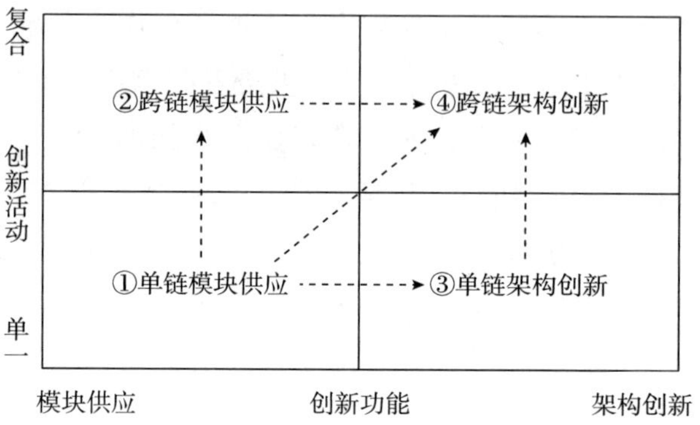

图6-3 新型创新主体作用

（一）基于单链的架构创新

单链架构创新是指新型创新主体从传统创新主体聚焦于技术链或产业链单链的模块供应转变为架构创新，其中基于技术链的架构创新主要是指创新主体重构技术模块的构成和互动方式，基于产业链的架构创新是指企业重构产品组件的构成和互动方式。不同于传统的单链模块供应，单链架构创新者以系统设计师的身份重新设计关键模块与通用模块、专用模块之间的界面和标准。基于架构的创新有利于明确技术链或产业链中的构成，寻找到阻碍技术创新或产业化发展的关键环节，并开展有针对性的重构。架构创新对于企业而言需要具备更高级的、更宏大的系统设计和系统整合、协同集成的能力（刘芸，2019）。此时，新型创新主体以创新主体间的领导者角色塑造了技术链或产业链的功能、结构与体系，并使原有处于弱连接或者没有连带关系的众多主体凝聚成一个高效创新系统，打破原有技术与产品竞争的均衡结构。

小米公司成立于2010年，短短数年营收超千亿元。以手机为核心，通过“投资+孵化”的方式打造产品生态圈是其运营中的重要创新点。依据产品类型，小米产品可分为四大类（见表6-1）：①智能手机是最底层的核心硬件，是整个生态链的起点；②围绕手机不同消费场景，拓展移动电源、耳机、保护套等手机周边产品；③聚焦家庭智能硬件产品，如AI音像、智能电视、空气净化器、平衡车、智能台灯等；④除智能硬件产品之外，开发毛巾、箱包、签字笔、床垫等功能性耗材产品。从智能硬件到生活耗材，全方位打造小米用户“米粉”生活方式。上述大多数产品的技术基本成熟，且市场竞争激烈，小米核心策略在于重新定义产品，遵从“满足80%用户的80%需求”的原则，致力于核心功能的开发和优化，打造高性价比的简洁产品。这些产品往往风格统一，辨识度高。小米公司这一做法就是较为典型的基于产业链单链的架构创新，通过参与把控产品定义、工业设计、质量检测等环节，小米作为平台架构者汇聚大量供应商并利用自有平台及第三方平台流量帮助它们做大自有品牌。

表6-1　小米产品生态圈构成

生态链圈层	生态链产品	关联性
核心层	智能手机	生态链起点
手机周边产品	耳机、移动电源、路由器、自拍杆、随身Wi-Fi、VR眼镜、插线板、小音箱等	与手机搭配销售
智能设备	空气净化器、电水壶、PM2.5检测仪、扫地机器人、电磁炉、水质TDS检测笔、剃须刀、机器人、平衡车、无人机、电饭煲、净水器等	智能化趋势，与小米体系联动
生活消费品	毛巾、箱包、眼镜、保鲜盒、雨伞、床上用品、沙发、文具、服饰、饰品、牙刷等	增加用户消费频率

（二）基于跨链的模块供应

模块化设计规则的标准演化是创新模式升级的重要内容，跨链模块供应是指同步从事技术链和产业链模块的研发生产，为产业发展提供新技术以及基于新技术形成的新模块。例如，新型研发机构突破传统研发机构聚焦于基础研究、技术创新的定位，积极参与科技成果产业化，成为产业链上的重要一环。与传统研发机构的研发机制难以适应产业发展需求不同，新型研发机构从诞生起就与产业需求紧密结合，既从事基础性的科学研究，同时也致力于把基础研究与产业化活动结合（封凯栋，2013）。同样，研发性企业也突破了传统企业聚焦于产业链的定位，深化科技创新，成为技术链模块创新的重要成员。得益于跨链模块供应者，战略性新兴产业技术链和产业链在特定模块能够实现快速融合，有利于产业迭代升级。例如，中国科学院深圳先进技术研究院构建形成了以科研为主的集科研、教育、产业、资本为一体的协同创新生态系统（见图 6－4）。2006～2015 年累计发表专业论文 5628 篇，2017 年申请专利 1303 件，其中 PCT 申请和国外专利申请共计 194 件。在产业化方面，积极探索产业与资本紧密结合的运营新模式，围绕先进集成技术、医疗器械、医药技术、数字技术、脑研究等学科领域方向产生的专利技术进行转移转化，转移转化的专利数超过上百件。设立了中科育成、中科昂森、中科融信、中科创客等投资基金，累计孵化企业总计逾 727 家，持股超过 199 家，新三板挂牌企业 3 家①。

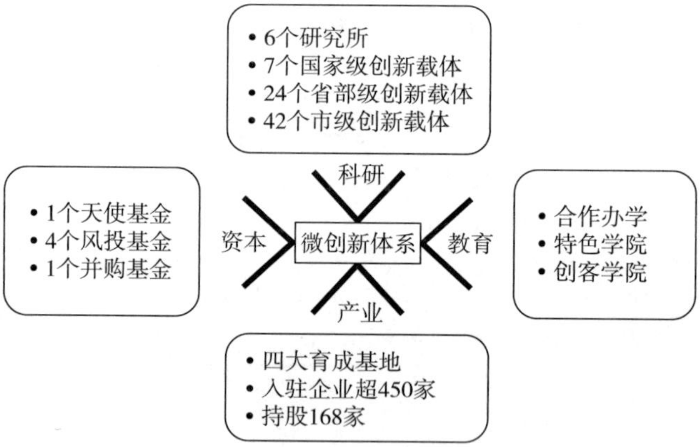

图 6－4　中国科学院深圳先进技术研究院创新体系

① http：//m. cas. cn/cmsm1/201808/t20180801_ 4660067. html.

（三）基于跨链的架构创新

跨链架构创新是新型创新主体发挥作用的最高层次，关注的是技术链和产业链的同步架构，形成区别于主导设计的设计规则，同时新设计中吸收整合一些新技术，形成区别于以往的技术链。其中架构规则技术突破是对原有产业主流技术架构的颠覆和超越，是产业格局变化的原动力，通过新的架构规则技术不仅突破原有产业的主导技术架构，而且实现多领域技术交叉融合，推动整个产业技术系统的跃迁和升级（武建龙、王宏起，2014）。产业链的架构规则重构打破了原有产业内外分工、合作的均衡格局。为了维系新系统，维护模块供应商之间以及与最终用户之间的分工、交易、竞争等秩序，一套相对稳定的规则或标准体系十分重要。

从实践来看，特斯拉是典型的跨链架构创新者。从技术链来看，特斯拉新能源汽车实现了三方面突破：一是率先使用的以镍钴铝（NCA）为正极材料的圆柱形锂电池，通过强大的电池管理系统和热管理系统，实现了对电池的有效管理，解决了 NCA 圆柱形电池的安全性问题。二是自动驾驶技术采用基于视觉的低成本技术路线。大部分自动驾驶采用的是激光雷达，特斯拉视觉传感器类似“人眼”，有较稳定的图像处理能力，成本更低。特斯拉是目前全球第一家实现自动驾驶技术量产的车企，也是唯一一家具备自主研发自动驾驶芯片的车企。三是特斯拉的自动辅助驾驶功能是渐进式的，通过空中升级（OTA）来更新软件和功能。在产业链方面，特斯拉是第一个在车内堆砌超大屏幕的汽车，产品架构与其他企业明显不同，并且特斯拉压缩了整个供应链层级，更为扁平化；在销售方面，特斯拉效仿苹果开启“线上官网 + 线下体验店”直营模式，为消费者提供体验、销售、交付和售后一条龙的服务，与其他车企也有明显差异。

三、平台型企业主导的双链融合：阿里巴巴案例

阿里巴巴是我国新一代信息技术产业发展的领军企业。1999 年该企业成立于浙江杭州，经过 20 年发展成为国内最大的电商平台，并在电商业务基础上衍生出大数据、云计算、人工智能等新兴业务板块，持续引领我国数字技术的创新发展。回顾阿里巴巴的发展历程可以看出，主要经历了电商业务发展、数字技术探索、数字技术赋能下的融合发展三个阶段，每个阶段业务重点有所差异，但平台化运营和生态圈建构的战略逻辑始终如一。如果说电商业务的突破是有效复制了发达国家的成熟模式以及利用好了国内庞大的市场需求，那么云计算、大数据、人工智能产业的突围则是进入了技术链并未成熟的领域中，推动了相关产业技术链的不断完善和产业链有效整合。而数字技术与传统电商融合所形成的新零售等模式充分体现了技术链和产业链的内在协同，一方面数字技术创新赋予产业个性化服务能力，另一方面基于产业发展所涌现出来的庞大数据资源为技术创新提供了广阔空间，技术创新和产业发展依托生态圈内部形成了良性循环和快速迭代。

（一）电子商务产业链拓展阶段

2003 年在原有 B2B 业务基础上，阿里巴巴探索成立开展 C2C 业务的淘宝网，2004 年将支付宝独立运营，2007 年成立阿里巴巴，2008 年创办天猫商城。通过各种业务的扩展，阿里巴巴主导下的以阿里巴巴平台上的交易双方为关键种群、网络交易服务提供商为支持种群、增值服务提供机构为寄生种群的电子商务生态系统初步显现（胡岗岚等，2009）。2007 年，阿里巴巴内部针对未来发展战略提出“奔月计划”，试图把贯穿所有子公司的数据业务打通，形成信息流、资金流和物流的集成，并同时对外

开放 API（应用程序编程接口），建设一个以客户为核心的开放、协同、繁荣的电子商务生态系统（见图 6-5）。

图 6-5　阿里巴巴电商生态构想

资料来源：曾鸣. 智能商业［M］. 北京：中信出版社，2018.

（二）云计算产业技术创新阶段

2009 年阿里云成立，该公司产生的一个重要背景是大量业务数据处理面临高昂成本。阿里巴巴曾拥有亚洲最大的 Oracle 集群，但随着流量爆发式增长，Oracle 集群不堪重负。通过自主研发和替代性方案（如采用 MySQL 和 Hadoop），阿里云重构了数据分析系统。2011 年 7 月，阿里云开始大规模对外提供云计算服务。2013 年 5 月，阿里云最后一台小型机下线。同年 8 月，阿里云形成单集群 5000 台设备的计算能力，成为我国首个独立研发拥有大规模通用计算平台的公司。在 2013 年“双 11”当天，阿里云成功处理 2.54 亿笔订单，而部分采用自有 IT 设施的商家出现了交易量暴增服务器能力不足的问题。2015 年，阿里云打破计算界奥运会 Sort-Benchmark 的 4 个世界纪录，2017 年，成为全球首个 100TB 规模 Bigbench 测试通过的大数据计算平台。2018 年，飞天大数据平台已经可以扩展至

10万台计算集群，规模全球第一，单日数据处理量超过600PB。阿里云价值并不简单是云计算本身，而是支撑了全局数据存储和计算，成为生态圈的基础设施，借此来实现电商、支付、物流等核心业务商业价值。

（三）人工智能生态圈建构阶段

从自身发展来看，人工智能技术越来越成为阿里巴巴持续稳健增长的基础。在电商销售上，实现页面级千人千面，通过面向不同的客户人群投放不同的个性化店铺首页来提升转化效果；在电商支付上，2018年“双11”实现了每秒32.5万笔交易峰值，每秒25.6万笔支付峰值，其中支付宝的资损率降至十万分之一，分别是银联和Paypal的十三分之一和二百分之一；在售后服务上，2016年阿里巴巴客服实现97%的语音自助率，这意味着有97%的电话不需要人工介入。

2016年阿里云推出人工智能ET（人工智能系统），基于阿里云的计算能力，该系统具备了智能语音交互、图像/视频识别、交通预测、情感分析等多项核心技能。2017年阿里巴巴组建达摩院，技术方向聚焦量子计算、机器智能、嵌入式芯片、数据库等方面，贯穿阿里云底层芯片、操作系统、网络和服务器端到端所有层。此外，阿里云先后推出城市大脑、工业大脑等场景应用。2019年1月，阿里巴巴发布阿里商业操作系统，旨在进一步输出数字化能力，帮助企业完成在线化和数字化。基于技术创新和商业应用，一个集硬件计算平台（CPU、GPU、FPGA）、引擎（Tenso Flow等软件框架）、平台（MaxCompute、Docker等）、服务（语音识别等）、场景解决方案（ET城市大脑等）、生态（FPGA镜像市场、云市场）于一体的人工智能生态圈初步形成。目前，阿里巴巴人工智能系统每天调用超过1万亿次，其中日处理图像10亿张，服务全球10亿人、视频120万小时、语音55万小时及自然语言5000亿句。

（四）案例小结

作为领军型企业，阿里巴巴通过商业生态系统的有效建构带动了我国电子商务、云计算、人工智能产业的快速发展。在电子商务产业链拓展阶段，阿里巴巴通过完善物流、支付等配套服务将商业生态系统从初始的平台、商家、消费者，发展到包含各类专业服务商和增值服务商在内的完整生态。这个阶段的成功主要源于阿里巴巴对消费者需求的快速、有效响应，技术创新的作用有，但未成为业务增长核心支撑。随着平台规模的扩大，平台上聚集商家和消费者越来越多，接踵而来的是平台管理成本的快速上升。这使得阿里巴巴充分认识到基础设施在商业生态系统治理中的重要性。在云计算产业技术创新阶段，数字技术成为阿里巴巴衔接服务上下游，打通生态体系的基石。传统服务在叠加数字技术后实现业务的数据化，数字资源不断累积又为数字技术的创新创造了空间。在人工智能生态圈建构阶段，阿里巴巴通过组建达摩院，进一步强化了对技术创新的投入，并拓展至基础研究层面。以电子商务及衍生产业为核心场景进行数字技术的先行应用，以工业ET、城市大脑、数字政府等多元场景拓展实现电商用户导入，构成阿里巴巴电商生态闭环，也为云计算、大数据以及人工智能等新兴产业成长提供了广阔空间（见图6－6）。

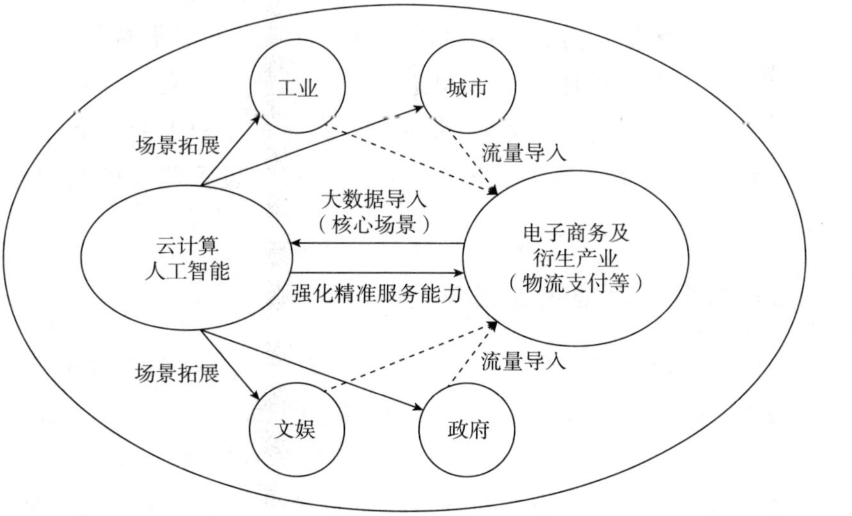

图6－6　阿里巴巴主导下的产业创新生态

四、战略性新兴产业新型创新主体培育的对策建议

（一）强化企业创新能力

一些传统行业内龙头企业缩减，关闭或剥离研究实验室并将其大部分基础研究外包，但新兴产业内的企业如谷歌、微软等不断加大内部基础研究，这是因为它们认识到相比高校、科研院所，企业实验室能够形成更为通用的技术创新、与实际问题的紧密结合、多学科人员的集聚以及良好的大数据支撑（Beneito，2006；Arora et al.，2019）。必须坚持创新驱动的发展战略，将自主创新能力内化为企业发展的第一动力，努力提升本土企业的技术学习水平，使之有能力鉴别和吸收境外先进技术，跳出技术引进—模仿—落后—再引进怪圈，打破产业"低端化、同质化、边缘化"发展魔咒。鼓励企业多渠道参与基础研究，支持企业建设高水平的、具有行业影响力的企业技术中心，引导企业积极参与战略性新兴产业"卡脖子"技术攻关、大科学工程、大科学装置建设以及国际国内标准制定。

（二）培育平台型企业主体

适应产业升级需要，推动互联网平台与工业、农业生产深度融合，提升生产技术，提高创新服务能力，依托互联网平台完善全方位创业创新服务体系，实现线上线下良性互动、创业创新资源有机结合，鼓励平台开展创新任务众包，更多向中小企业开放共享资源，支撑中小企业开展技术、产品、管理模式、商业模式等创新，进一步提升创业创新效能。在实体经济中大力推广应用物联网、大数据，深入推进工业互联网创新发展，加快跨行业、跨领域和企业级工业互联网平台建设及应用普及，实现各类生产

设备与信息系统的广泛互联互通，推进制造资源、数据等集成共享，促进一二三产业、大中小企业融通发展。鼓励龙头企业从模块供应者向架构创新者转型，通过构建开放共享平台，逐步培育起不同于传统核心竞争力的生态优势。

（三）培育新型研发机构

开发好高校、科研院所这个创新源泉，强化研发活动需求导向化，紧扣区域产业发展方向，充分发挥高校、科研院所人才聚合池的优势，同企业近距离接触、互动，直接了解企业技术需求，有针对性地开展研发、设计、检测等活动。支持高校、科研院所向新型研发机构转型，跳出以往的行政管理模式，参考企业化的管理模式，在选人上，改变以往以论文和职称论英雄的状况，更看重个人能力。推动高校和研发机构深入参与战略性新兴产业关键技术研发、科技成果集成、技术转移转化等，通过组织企业、风投机构与人才团队对接，植入资金链，打通技术链，进而整合产业链，打造集研发、资本、产业化于一体的创新策源地。

（四）构建战略性新兴产业创新生态

充分发挥市场对资源配置的决定性作用、对创新要素配置的导向性作用和政府对产业进化的促进性作用，集中各类创新资源，构建创新共同体，将原有“小而散”的产业创新生态打造成“大而强”的产业创新生态：一是在优势行业打造一些有代表性、较大联动性的新兴技术项目和拳头产品，树立起一批有行业领先水平的主导性企业；二是鼓励产业上下游企业聚集，提升本地产品配套率，加快完善产业集群的协作配套，鼓励中小微企业与大型企业集团配套协作，形成大、中、小、微企业协调发展格局；三是采用“大分区、小混合”的布局方式，注重创新圈层的打造。强调科研、中试与生产用地的适度混合，以及生产、创智研发、股权投资基金（PE/VC）与配套服务等的混合，鼓励创意合作、研发合作、产业链合作、市场合作与技术标准等联盟建设。

第七章

产业创新服务体系与战略性新兴产业双链融合

产业创新服务是指为研发机构和企业提供知识、技术、经验、资金、人才、信息、基础设施和实验场地等服务以及协调和沟通各主体间的联系与交流，促成合作，实现技术创新和产业化的活动。在战略性新兴产业发展中，创新活动形态、模式、参与主体与传统创新相比发生了深刻变化。创新环节的专业化分工更为细致，创新模式的网络化、模块化、开放化和个性化趋势日益突出。在这一背景下，产业创新服务成为推动战略性新兴产业技术链和产业链深度融合的关键一环。完善的产业创新服务体系能有效促进创新要素向企业集聚，推动产业内新技术或新知识的产生、流动、更新和转化，通过把高校院所的科研成果与技术需求紧密结合，把科研人员与企业紧密结合，把科技创新与金融资本紧密结合，为战略性新兴技术创新和产业发展提供强大支撑和动力。

一、产业创新服务体系的内涵及作用

（一）产业创新服务体系的内涵

产业创新服务体系是各类旨在链接和弥补技术链、产业链间断裂点，由不同服务功能的机构所组成的系统，是围绕各类主体需求组织服务要素形成完整有序系统，提供全方位、全过程服务方案的有效途径。常爱华等（2011）指出产业创新服务体系一方面围绕创新的辅助活动提供人才推介和培养服务、投融资服务、信息服务、技术配套服务等；另一方面针对创新基本活动提供创意激发、技术研发、知识物化、生产和销售、新企业的创立和管理以及上市等服务。建设产业服务体系的核心目的是有效地组织创新要素向企业集聚，搭建和完善促进企业技术创新的支撑服务体系，有力推动产学研用结合，增强企业自主创新能力，提高产业的国际竞争力。

从战略性新兴产业双链融合角度来看，产业创新服务内容包含技术创新、成果转化、产业化三个层面（见表 7－1），其中技术创新层面主要围绕完善技术链开展服务，重点包括基础研究、研究开发、知识产权保护、科技咨询、公共技术服务等活动，通过补链强链形成覆盖全链条的服务体系；技术成果转化层面主要围绕技术链产业链合作搭接开展服务，主要包括技术成果转化与推广、技术市场、公共技术突破等；产业化层面服务是服务体系的末端，主要围绕生产制造的连续性、促进工业技术进步、提高生产效率以及获得市场认可等方面提供保障性服务。将已有产品或服务如何推向市场并且在充分挖掘消费者需求过程中不断帮助企业改进产品性能是产业化层面服务的重点内容。产业化服务体系依托制造业，是从制造业内部衍生出来的一种新型产业，包括交通运输业、现代物流业、信息服务业等。根据产业发展经验，生产制造环节越是发达，产业化服务业越是完善，服务体系越是健全。随着信息技术的不断进步，越来越多的生产制造类种群将基于信息技术的服务工作外包，优化资源配置，降低成本，增强核心竞争力。

表 7－1　产业创新服务体系构成及活动

产业创新服务体系层面	主要功能	产业创新服务活动
技术创新服务体系	完善技术链	基础研究、研究开发、知识产权保护、科技咨询、公共技术服务等活动
成果转化服务体系	技术链产业链合作搭接	技术成果转化与推广、技术市场、公共技术突破等活动
产业化服务体系	完善产业链	生产制造的连续性、促进工业技术进步、提高生产效率以及获得市场认可等活动

从服务机构来看，主要包括生产力促进中心、科技评估和咨询机构、职业培训机构、科技信息中心、专利代理机构、风险投资机构、孵化器、会计、审计及税务机构、专业咨询公司以及广告服务等机构。各类服务中介是技术创新和产业发展各主体联系的桥梁与纽带，建立在高度专业化知识基础上，为其他创新主体提供在创新成果形成、转化和产业化进程中所需的各种中间投入产品及服务。从服务平台来看，会出现科技基础条件平台、技术交易市场、融资平台、信息交互平台以及人才市场等服务载体。以科技基础条件平台为例，主要包括自然科学、转制机构、信息文献的服务支撑。单个产业创新服务机构可以沿技术链或产业链形成体系化服务，如科技投融资服务就包含从创投等种子期的投融资服务到产业化基金的投融资服务；信息服务、人才服务、条件平台服务、孵化服务等也都可以形成相应的链条。但在创新服务日益专业化的背景下，单个产业创新服务机构不可能覆盖全周期，因此产业服务创新体系包含了诸多机构以及各个机构多元化的服务内容和服务网络，形成多主体、网络状的产业创新服务网络。

（二）产业创新服务体系作用

打造产业创新服务体系对于双链融合有着重要意义，汪秀婷和胡树华（2009）认为产业创新服务体系是高层次的创新支撑体系，并不是针对某一家企业，而是面向整个产业链，其建立能够提高产业链的整体技术创新能力。常爱华等（2011）将产业创新服务体系的作用区分为两个方面，在微观层面，围绕各项创新活动，通过提供特定服务提高组织的活动效率，促进了技术链、产业链各个环节有效衔接；在宏观层面，实现了知识创新体系和技术创新体系间知识的有效流动，降低创新风险、减少创新成本、加速创新速度、提高创新效益，加快技术转移和产业化进程。王帮俊和王冬（2011）认为，人力资源服务机构、技术转移服务机构、金融资本服务机构、管理信息咨询服务机构、财务服务机构和法律服务机构等门类多样、独特高效的服务种群有助于完善创新生态系统中的创新链条。李文元等（2012）提出创新中介包括建立联系、提供联盟和支持服务及提供技术服务等功能。以汽车零部件产业为研究背景，肖学勤（2015）提出以企业需求为核心，通过技术创新服务平台能够有效整合企业、政府、科研院所、高校等各方优势资源，克服产业发展中的基础设施失灵、制度失灵、交互失灵和能力失灵，全面提升产业链技术创新能力。在最大限度满足战略性新兴产业发展需要，提高创新资源配置效率、增强自主创新能力的总体价值下，产业创新服务体系作用可分为提升条件资源服务基础、增强企业技术创新效率、加快创新成果转化和推广以及推动人才集聚与交流四个方面：

1. 提高条件资源基础

科研设施与仪器、科学数据与信息、生物种质与实验材料等科技基础条件资源是科技创新的物质基础，也是科技创新能力的重要体现。通过产业创新服务体系能够系统集成技术、设备、信息等优质资源，提高科技创新资源共享度，并在相互之间形成一种稳健的合作机制，提高资源的利用率和效率。

2. 增强企业技术创新效率

聚焦产业链、技术链关键环节，帮助企业开展技术研发与咨询诊断，瞄准制约企业发展、产业转型的技术短板和工艺流程，开展关键技术的攻关和前瞻性技术的预研，集中为区域内、行业内中小企业提供统一、规范、高效的服务。提高科学技术转化能力和生产效率，针对企业的需求做好技术研发的促进和协调解决工作，使产业技术能顺利地实现供需对接，解决企业技术创新工作的困难。

3. 加快创新成果转化和推广

促进科技成果转移转化，离不开良好的市场化服务的支撑。通过积极扶持、培养生产力促进中心、评估咨询机构、科技信息中心、知识产权法律中介机构等一批服务机构，建立产学研信息交流和成果转移平台，能够对已有成熟科研成果进行产业化和工程化，向中小企业加快推广实用技术和新产品，克服中小企业技术开发资源的有限性和单个企业技术产业化的不足。同时促进技术开发面向企业需求和实际应用，有利于解决高校、科研院所、科技部门与企业的技术创新与应用脱节的难题，减少技术转移过程中的摩擦和降低技术交易费用，促使各方分工协作相互配合，缩短项目开发时间，加速产品的市场化、产业化进程。

4. 推动人才集聚与交流

在科技创新和产业发展中，人才是核心要素。产业创新服务体系建设本身是集聚人才的过程，通过依托各类服务机构为企业人才开展多形式培养培训，为人才流入提供平台，为各类创新载体和企业间的人才双向交流提供条件。以杭州市为例，在人才服务工作中率先成立信息经济人才协会、市金融人才协会、市旅游休闲人才协会、市文化创意人才协会和市人才猎头专业委员会等系列人才协会（组织），有序承接部分政府职能。同时创建国家人力资源产业园和全国首个国际人力资源产业园。2017 年，全市集聚各类人力资源服务机构 503 家，实现产值 279 亿元，成功推荐人才 7900 人次，其中下城区国际人力资源产业园一幢楼税收突破亿元。

二、双链融合导向下产业创新服务体系发展逻辑

（一）服务种类齐全化，构建全周期服务体系

不同行业的战略性新兴产业在不同发展阶段，面临的风险呈现出较大差异性，需要现代服务业提供的支持也各不相同，但在任何阶段，战略性新兴产业对创新服务的依赖是始终不变的。同时在产业创新服务中，不同参与主体表现出来的目的也不一样。龙头企业主要是为了扩大其关系网络，方便与上、下游企业之间的联系，而中小企业更多的是为了获得创新资源，以提高其市场竞争力（陆立军、郑小碧，2008）。正是注意到不同行业、企业的差异性，当前产业创新服务体系会根据产业生命周期设计其功能，根据每个周期不同特点和需求，设计与之对应的功能。通过基地聚集优质科技服务资源，引进研究开发、技术转移、检验检测认证、创业孵化、知识产权、科技咨询、科技金融等科技服务机构，形成多层次、全链

条的科技服务体系，为科技创新和产业发展提供全方位、一站式综合服务体系。

例如，中关村示范区依托密集的科教资源，建立创业平台、科技融资平台、技术转移平台等公共服务平台和一大批特色的产业技术研究院为战略性新兴产业发展提供支撑。张江高科技园区为了帮助创业团队及创业企业实现快速成长，利用天使投资、风险投资、私募基金等各类资本建立资本库。将企业孵化向培育创业团队、加速企业发展延伸，定期举办投融资洽谈会、项目路演、实时推介等活动，积极搭建对接平台，其目的在于通过整合高端人才、优质项目、资本以及孵化机构、中介机构、一流大学、龙头企业等各类要素，构建孵化导向的创业生态系统和覆盖企业发展各阶段的“梯队递进”融资机制，针对初创期、成长期、成熟期等不同阶段，积极整合好政府和企业资源，通过市场化机制、专业化服务和资本化途径，着力打造种子仓—孵化器—加速器—产业园接力式产业培育链条，确保企业在研发、加速和产业化全过程都能够得到政策支持。

（二）服务主体专业化，构建网络化服务体系

随着各种新技术、新商业模式的不断涌现，创业企业的特性越来越丰富，在同一个行业内不断衍生出具有不同商业特征和发展模式的新型企业和组织。就产业创新服务机构而言，一方面，要推进服务的专业化、精准化。服务主体逐步以政府机构为主向市场化转移，发展出多种主体并存的模式。由龙头企业引领的公共研发平台主要用于解决企业面临的问题，以平台主要建设企业为技术突破重点对象，应用研发成果协同带动相关企业公司的科技研发能力。由科研院所或高校为引领的公共研发平台是以高校、研究院所等专业研究机构为主体，专注解决大型科研项目，并以科技成果的转化和推广为宗旨。另一方面，多数创新服务机构开始意识到专业化服务需要网络化协作，不是孤军奋战，而是相互之间通过资源和权益置换，形成密切的服务合作伙伴，为技术创新与产业发展提供无缝衔接的服务。

以网络化协作为导向，产业创新服务体系不断向上下游环节延伸，丰富服务内容，将更多企业机构纳入创新服务业生态系统中，不断扩大生态系统

规模。而由生态系统规模扩大带来的生态化水平提高将提升创新服务对各类资源的吸引力。这种效应进一步反馈给产业链，扩大产业链规模，提高产业链式化发展水平。而且伴随经济全球化和创新全球化的发展趋势，“新思想、新商业模式、新创业”成为战略性新兴产业发展的重要特征。产业内企业与全球尖峰地区在人才、技术、资本、产业链上的链接与竞争成为创新发展的必由之路。对于各类创新机构而言，与国际化发展趋势和服务标准接轨，开展技术、人才等方面的国际交流合作，通过建立专业化国际合作平台、国际化科技服务联盟，引进国际创新服务机构建立区域性创新驿站、积极吸引国际科技服务人才来华工作、短期交流或举办培训成为发展重点。

（三）服务方式多元化，构建在线化服务体系

为适应数字化、信息化发展趋势，越来越多创新服务机构以最新移动互联网技术为依托、以 O2O 模式为特色，打通线上和线下的环节提供专业化和集成化信息服务，通过增强服务信息的透明化和规范化，促进服务供需双方对接。例如，根据产业和企业需求，综合运用情报分析手段，依托高端知识产权数据库，开展特色行业的专利预警信息、产业前沿技术、科研成果信息的大数据分析和发布，利用互联网、微信公众号、App 等手段进行全方位及定向推送，构建网络化的推送导航系统。

以浙江为例，2002 年建设网上技术市场，形成了网上网下相结合、有形无形相融合、市场场所相契合的多层次体系。第一个层次是无形的技术市场，被包含于社会总的生产要素市场中，2018 年总交易额 490.24 亿元；第二个层次是有形的技术市场，即浙江科技大市场和中国浙江网上技术市场，有实体、有平台、有网络、有运营，2018 年中国浙江网上技术市场成交金额为 55.75 亿元，科技成果“浙江拍”的成交金额为 6.2 亿元；第三个层次是技术产权交易场所，即浙江知识产权交易中心，实现了技术的场内交易、场内结算和场内交割，截至 2019 年 7 月，已累计成交科技成果 1551 项、金额 4.83 亿元，涉及专利 1323 件。

浙江网上技术市场形成了对全省各县市区的网络化覆盖，2018 年浙江网上技术市场新增技术难题 5980 项，征集并发布科技成果 23158 项，成交并

签约项目 2549 项，成交金额 55.75 亿元。与此同时，科技成果“浙江拍”的价格发现功能逐步显现，2018 年“浙江拍”成交科技成果 474 项，起拍价 4.73 亿元、成交价 6.2 亿元、增值率 31%。其中省内高校院所成交 255 项，起拍价 1.83 亿元、成交价 2.54 亿元，为省内高校院所实现增收 7100 多万元。2018 年开始，浙江技术市场利用专利大数据和科技大数据，引入机器学习和大数据分析技术，开发出专利分析评级和专利精准匹配系统 Z – Ranking、Z – Matching，并实践运用到高校院所科技成果的精准推介和企业技术需求的精细对接中，收效良好。

三、产业创新服务体系的实践创新：以浙江为例

作为地方实践创新，浙江于 2017 年提出并启动建设产业创新综合服务体。先后制订出台《浙江省产业创新服务综合体建设行动计划（2017 – 2020 年）》、《浙江省产业创新服务综合体建设导则》和《产业创新服务综合体建设财政专项激励资金竞争性分配方案（试行）》，给予综合体最高每年 5000 万元、连续三年财政资金支持。各市、县（市、区）普遍建立了产业创新服务综合体建设工作机制，纷纷出台配套政策，加强组织领导、顶层设计、统一规划和政策整合，形成了强大的工作合力。浙江的产业创新综合服务体是由政府引导，企业、高校院所及专业机构等共同参与，面向特定块状经济、现代产业集群，集聚科技、人才、金融、数据等资源要素的新型创新载体。其中，战略性新兴产业主要聚焦信息技术、物联网、人工智能、高端装备制造、新材料、生物、新能源汽车、新能源、节能环保、数字创意十大领域，以破解关键共性技术为重要目标。

（一）浙江产业创新综合服务体的提出背景

引导企业创新能力建设、突破重点产业技术瓶颈以及大力推进科技成果

转化是浙江产业创新体系建设的重要目标。首先，引导企业创新能力建设旨在鼓励企业加大技术创新、成为技术创新的主体；其次，突破重点产业技术瓶颈旨在大力提高关键核心技术和共性技术研发攻关的协同和集成能力；最后，推进科技成果转化旨在支持和促进重大技术成果工程化、产业化。

早在2004年，浙江便按照“整合、共享、服务、创新”的思路开展科技创新服务平台的试点工作，2006年正式启动建设，截至2012年底已建成80个创新平台，累计承担国家级科研项目1500余项，获资助经费17.1亿元，承担省部级项目3000余项，获资助经费12.8亿元，牵头组织或参与制订国家和行业标准1100余项，获授权专利1900余项。在已建成的80个科技创新服务平台中，包含公共科技基础条件平台7个，行业科技创新科技平台32个，区域科技创新平台41个（见表7－2）。其中公共科技基础条件平台旨在为科技创新活动提供基础条件保障体系；行业科技创新平台为省行业领域科技创新提供公共科技服务和创新载体，开展从科研到产业化一系列科技创新活动；区域科技创新平台加快技术转移速度，增强产学研协同攻关能力，促进科技成果的推广应用，提高区域创新能力。

表7－2　浙江科技创新服务平台类型及代表性成员　　单位：个

平台类型	数量	代表性平台
公共科技基础条件平台	7	大型仪器设备协作共用、科技文献共建共享、实验动物公共服务、标准信息与质量安全、林木种质资源保育与利用平台等
行业科技创新平台	32	新药创制、现代纺织技术及装备、软件、环保装备、五金、机械制造、服装、海洋、水稻、茶、竹、木材加工、渔业、畜牧、汽车及零部件、皮革、氟硅化学品、饲料、桑蚕茧、工业自动化、环保、特种设备与能源环境计量、塑料加工、科学仪器设备、视光产业技术创新服务平台等
区域科技创新平台	41	湖州蚕桑、上虞绿色精细化工、新昌轴承与专用装备、温州泵阀、嘉兴毛衫、温州低压电器、温岭泵与电机、台州缝制设备、台州农业机械、诸暨珍珠产业、嵊州领带产业、海盐标准件、嘉兴经编、衢州氟硅新材料、南浔木地板、宁波汽车电子、宁波新型金属材料、慈溪家电、长兴绿色动力能源、嘉善电声产业、丽水食用菌、温州服装、缙云带锯床和特色机械装备、平湖光机电技术创新服务平台等

截至2012年底，加入浙江科技创新平台服务层的企业达3.9万多家，与企业合作或为企业解决的技术难题8000余项，获横向科研经费合计16.2亿元。累计提供检测服务约193万次，服务收入约13.3亿元。通过工艺改进、产品开发、成果推广等平台服务产生的经济效益，累计增加产值563亿元，利税71.8亿元。举办和参与组织各类技术咨询、学术交流会议9300余场次，接受咨询达148余万人次，为相关领域企业培训职业技能人员26万人次。

尽管浙江科技创新服务平台建设取得了很大成效，基本形成了以公共机构为主的共性技术研究平台，以生产力中心、孵化器、中小企业创业服务中心为主的技术转移和创业服务机构，以科技咨询与评估机构、技术交易等专业服务为代表的科技中介机构以及地方政府资助的区域性技术创新服务网络，构成了分层次的技术创新服务体系。但总体而言，浙江产业创新体系及服务体系本身还存在主体乏力、体系分散、合作泛化以及开放性不足等问题。

1. 企业作为产业创新体系主体整体乏力、创新能力不足

研发机构和研发团队是衡量企业创新能力的重要标志，2011年，浙江企业研发机构数、建有研发机构的企业数及其占比这三项指标都居全国首位，明显高于兄弟省份，但机构数量与投入总量不匹配，单个研发机构规模偏小，在人、财、物的投入方面均落后于先进省份。2011年，规模以上工业企业研发机构人员为23.71万人，低于江苏、广东、山东，居全国第4位，其中博士和硕士占企业研发机构人员总数的6.68%，仅为全国平均水平的一半，居全国末位；机构研发经费支出449.95亿元，居全国第4位；拥有的仪器和设备原价325.19亿元，居全国第3位。以平均研发人员数、研发经费支出、仪器和设备原价统计，在全国的位次则更靠后，其中规模以上工业企业平均研发人员数居全国29位，平均研发经费支出居全国29位，机构的仪器和设备平均原价居全国30位。

2. 产学研和联盟合作重形式、轻内容，缺乏长期性和紧密性

浙江产学研合作存在着“三多三少”现象：一是企业单一项目合作多，在重点产业关键技术、共性技术上攻关的项目合作少；二是为解决生

产实际性技术问题而开展的合作较多，为中长期发展而开展的技术储备型合作较少；三是一次性合作解决单个技术问题的合作多，长期合作较少；在联盟方面，大多数参与主体并未意识到积极投入和参与联盟发展的重要性，同时，某些参与主体的动机可能只是为了通过联盟获得有利于自身发展的技术支持，而并未想过对联盟做出自己的贡献，主要原因是受到彼此之间的信任问题、体制问题和知识产权归属问题等制约。缺乏资源共享机制、联盟管理机构服务能力弱、独立性差、组织协调成本太高、政府的资金扶持力度弱是目前联盟合作存在的主要问题，联盟内部利益分配关系未得到很好地协调，极大地影响了参与主体的积极性。

3. 创新服务体系市场化程度不高，无法对接企业创新需求

就产业创新服务体系本身而言，还不能很好地与企业自主创新需求相适应，主要体现在三个方面：一是大部分创新服务机构是根据各级政府文件精神成立的，官办和半官办色彩较浓。二是服务水平和质量与收费标准不相符，服务的效果也不够理想；对政府的依赖性较强，缺乏创新意识和服务意识。三是各类创新服务机构规模较小、缺乏充足的经费保障，难以吸引高水平的创新人才，在产学研的牵线搭桥作用还没有很好发挥，尽管企业对产学研有很高的积极性，但是因为信息不畅等因素，自主创新还局限在企业内部进行。如何通过创新服务体系打通企业与企业以及产学研之间的合作成为进一步激活产业创新氛围和提高创新绩效的一项重要工作。

（二）浙江产业创新综合服务体的建设重点

党的十八大明确提出，科技创新是提高社会生产力和综合国力的战略支撑，必须摆在国家发展全局的核心位置。面对产业创新存在的各类问题，为增强科技创新有效供给，提高科技公共服务能力，加快科技成果转化，浙江对原有的基础、行业和区域三类科技创新服务平台进行统一谋划、整合提升，提出产业创新服务综合体，以此更多集聚创新资源、更加激活创新要素、更快转化创新成果、更好补齐产业短板，为加快新旧动能转换、完善创新生态体系提供有力支撑。

浙江产业创新综合体建设坚持立足产业、强链补链，集科技创新、业态创新、管理创新、服务创新等全产业链公共服务于一体，把增加产业创新有效供给作为根本落脚点，其核心要素是科技创新，其主要功能定位是为产业发展解决关键核心和共性技术难题。同时，又集聚整合工业设计、检验检测、标准信息、成果转化、创业孵化、展示培训等创新要素，为中小微企业开展技术创新、业态创新等以科技创新为核心的全面创新提供服务。从建设重点来看，主要包括八个方面的服务内容①：

1. 创意设计服务

通过整合产业设计基地，集聚海内外设计机构和设计人才，强化与高校设计类专业深度对接，提升产业创意设计水平，开展研发设计众包，推进个性化定制，形成集全球流行趋势发布中心、新产品发布中心、研发中心、信息中心和时尚中心于一体的产业设计体系。

2. 技术创新服务

集聚国内外高端创新资源，依托国家和省重点实验室（工程技术研究中心）、工程实验室（工程研究中心）、企业技术中心、制造业创新中心、重点企业设计院、应用技术协同创新中心、重点企业研究院、工业设计基地、各类创新服务平台等各类创新载体，打造技术创新高地。

3. 政产学研用协同创新服务

构建产业集群内大中小微企业之间的分工协作关系，以行业龙头企业、高新技术企业、创新型企业为主体，整合创新资源，建立利益分配链与知识、信息、技术等方面的共享打造。利用互联网平台，打破地理空间条件限制，促进众创、众包、众扶、众筹等服务发展，构建跨区域联动的线上线下协同创新网络。

4. 产业创新公共服务

搭建产业创新公共服务平台，为中小企业提供检验检测、计量测试、商标品牌培育、应对贸易壁垒、标准制定、认证咨询、人员培训、风险预警、质量技术咨询等服务，大力推广应用创新券，加强科技资源开放共享，降低中小微企业创新创业成本。

---

① 浙江省科技体制改革和创新体系建设领导小组办公室关于印发《浙江省产业创新服务综合体建设导则》的通知。

5. 科技成果交易市场服务

依托大数据、云平台，积极推进中国浙江网上技术市场建设，集聚与产品研发、创意设计、转化交易相关的高校院所、企业、设计协会、中介机构等各类创新主体，加快科技成果交易转化。

6. 创新创业孵化服务

强化产业展览展示服务，支持企业开展设计大赛、品牌展览、行业论坛等系列活动。充分发挥产业存量空间资源作用，利用空余场地发展创新与创业相结合、线上与线下相结合、孵化与投资相结合的众创空间，培育集展示、交易、孵化、共享、服务于一体的科技型小微企业孵化体系。

7. 科技金融服务体系

创新财政科技投入方式，引导民间资本和金融资本积极参与科技成果的转移转化和产业化，为产业创新提供差异化金融服务。引导金融机构加大对产业创新服务综合体的信贷支持。构建完善的科技金融中介服务机构、科技担保、科技保险体系和知识产权质押贷款制度，推进政府和社会资本合作（PPP）模式。

8. 知识产权保护服务

创建产业知识产权维权援助中心，开展打击假冒专利和产业领域专利保护专项行动，建立企业专利援助、监测和预警机制，探索专利、商标、版权“三合一”知识产权管理体制改革，加大产业知识产权保护力度。

（三）浙江产业创新综合服务体的发展成效

经过两年多实践，浙江产业创新综合服务体建设成效明显。截至 2019 年 6 月，已创建培育省、市、县三级产业创新服务综合体 168 家，其中省级 65 家，包含 27 家战略性新兴产业创新服务综合体。从主体集聚来看，65 个省级综合体累计集聚各类创新服务机构 2864 家，其中科技企业孵化器（众创空间）672 家、知识产权服务机构 486 家、中小企业公共服务平台 272 个、省级以上检验检测平台 111 个，累计引进共建大院名校 454 家、集聚高层次人才团队 2296 个，开展产学研合作的企业达到 6329 家。设立创业风险投资基金 260.6 亿元、开展知识产权质押贷款 55.7 亿元。累计承担省级及以上科技计划项目1478项、服务科技企业41.4万次、解决技术难题1.6万个、达成技术交易成果6811项。65个省级综合体所在产业集群的主营业务收入达到2.3万亿元，研发投入达到388亿元、增长31.1%；集聚国家高新技术企业3131家、增长35.5%；科技型中小企业7865家、增长29.8%。

产业创新服务综合体对当地战略性新兴产业发展作用积极。其中杭州萧山新能源汽车及零部件产业创新服务综合体，依托龙头企业万向集团，整合利用全球创新资源，推动智能制造、工业互联网、区块链等数字技术推广应用，已引进共建大院名所12家，开展产学研的企业335家，搭建4个产业创新公共服务平台，服务企业4687家次，解决技术难题750个。杭州生物医药产业创新服务综合体聚焦全球生物医药资源和创新服务要素集聚，围绕生物制药、医疗器械、生命医学工程、医疗大数据等核心领域，重点推进服务体系与技术链的产业链协同，累计获得药品临床批件78个，获批上市医疗器械436件。嘉兴引进浙江未来技术研究院、浙江清华柔性电子技术研究院、中国空间技术研究院嘉兴军民融合产业发展中心等高端平台，全力打造南湖电子信息（智能硬件）产业创新服务综合体，通过研发设计、智能制造、创业孵化、科技金融等公共服务培育壮大柔性电子产业，为嘉兴电子信息产业高质量发展提供强力支撑。2018年，电子信息产业规模以上工业产值238.95亿元，同比增长31.3%。

（四）案例小结

整合孤立、分散的创新要素和公共服务资源，推进产学研用一体化，打造更具活力的产业创新生态系统是浙江产业创新综合服务体建设的重要目标。为了实现这一点，浙江产业创新综合服务体建设把握住了三个关键要点：

1. 面向产业需求

每个产业都各有特色，具有自身的发展规律。在不同产业中创新在特性、来源、参与者、过程边界和创新活动的组织方面存在巨大差异。熊彼特将不同产业的创新差异区分为熊彼特Ⅰ型和熊彼特Ⅱ型，其中Ⅰ型产业是指具有较低技术门槛，创业家和新企业能发挥重要作用的产业，这类产业中容易出现“创造性毁灭”，Ⅱ型与之相反，呈现了知识的累积性特点，进入门槛较高，大型企业容易占据主导地位，且较为稳定。在生物、信息、软件等产业中，小企业创新十分活跃。OECD的调查显示，60%活跃在生物技术领域的企业人数不足50人。而有些新兴产业如新能源汽车、高端装备制造等体现出对传统产业基础的高度依赖，创新企业相关技术经验累积以及产业协作关系对创新影响较大，大企业可能相比小企业更具创新优势。面对不同产业发展诉求，产业创新服务综合体只有深度融入产业布局，根据产业特点明确功能定位，才能形成综合体创新力与产业竞争力相通相融、神形兼备的共同体。

2. 营造高层次创新生态

产业创新服务综合体建设是浙江优化区域创新生态的重要抓手。首先，建设产业创新综合服务体实现了服务功能的全面提升，要素集聚不是在原有水平上简单拼凑，而是通过一站式的创新服务汇聚，实现资源碎片化所难以形成的规模效应和化学反应。其次，建设产业创新综合服务体引导了区域内单体性、零星化的创新机构有机联动。通过整合龙头企业、高校院所、专业机构等各类创新主体，明确在创新链上的不同功能定位，浙江产业创新综合服务体构建了政府、平台营运者、高校院所、中介组织、融资机构“五位一体”的创新服务体系。在体系运营中，依托产业链整合、上下游互动、产学研合作的运行机制，让各类主体各显神通、形成合力，着力打造各类主体紧密合作、相互赋能、资源共通、设施共享以及价值共创的高层次创新生态系统。

3. 形成科技体制改革试验田

产业创新服务综合体建设是浙江深化科技体制改革的重要实验田。通过完善市场化运营机制，有效促进了创新机构以市场化、企业化方式服务产业；通过完善多部门联动机制，部门服务创新的政策、资源、平台逐步从分散管理走向统筹联动；通过完善跨区域共享机制，逐步打破制约区域创新的行政壁垒，实现了科技平台、科学实验仪器设备等科技资源的开放共享。面对各地区位条件不同、产业特性不同、要素禀赋不同的情况，浙江产业创新服务体在实践过程中探索形成了政府主导推动、龙头企业带动、多元主体协同、公共平台提升、全创新链推进、关键环节突破、未来产业孵化七种模式。如政府主导推动模式是指主要依托政府行政手段整合区域内创新资源，龙头企业带动模式是指依托行业内龙头企业按照理事会或董事会模式提供全产业链公共创新服务。无论是政府主导推动模式、龙头企业带动模式还是其他模式都表明阻碍科技成果产业化的“篱笆墙”在逐步拆除，产业创新服务中“政府有为、市场有效”的良好格局日渐成形。

四、战略性新兴产业创新服务体系优化发展的对策建议

（一）强化服务机构能力建设

在竞争全球化的背景下，企业对创新服务的要求无论在技术方面还是在市场方面都越来越专业化和多样化，低增值创新服务已经不能很好地满足企业需求。为了实现更好的服务，在围绕各个环节构建全链条服务体系过程中，需要强化服务机构能力建设，打造自身的核心竞争力，为企业提供高增值的创新服务。一是引导创新服务机构向规模集团化、服务专业化、功能体系化方向发展，鼓励和支持民营企业积极参与，探索新业态和实施商业模式创新，为企业间、产学研间协同提供关键支撑平台，促进创新资源的最优化利用。二是建设好新型孵化器这个创新“枢纽”，推动以提供物业服务为主的“通用型”孵化器向能导入产业链资源、连接集群内外企业、提供企业需求解决方案的“专业型”孵化器升级，将以创新链为核心的创新生态嵌入以产业链为核心的产业生态，促进创新生态与产业生态协同演进及闭环发展。三是提高创新创业资源的配置效率，加强政府政策的导向作用，防止链上各节点的重复盲目建设与投入，指导、干预创新

创业服务生态链及链上各节点的健康发展，引导创新创业服务机构制定与国家及地方发展战略相适应的经营目标，引导创新创业服务生态链向正确的方向发展。

（二）分行业开展差异化服务

针对不同行业特点，强化创新服务体系建设的有效性。例如，在小企业主导的战略性新兴产业中加快技术成果应用和产业链拓展十分重要。这类产业中创业者多源于科研院所或海归人员，核心技术研发具有高、精、尖的特点。如果运作良好，小企业就能快速成长为大企业甚至带来大产业。但这类新兴产业普遍面临两方面问题，一是企业规模小，缺乏创新成果应用推广的人员、资源及能力；二是配套技术、产业基础不完备，产品性能并不稳定。如不及早解决这些问题，小企业的创新先发优势将逐步丧失。因此这类产业在创新服务体系建设中应充分强调“单点突破”，争取在短时间内帮助企业实现创新产品市场化、规模化，技术成果转化机制和本地配套体系完善应成为关注点。在新能源汽车等大企业主导的新兴产业中，帮助骨干企业强化创新资源整合十分重要。在这类产业中，骨干企业面临来自国内外其他大型企业的技术竞争，如果能够率先突破关键技术，企业已有的市场拓展能力将会带来企业乃至产业的快速发展。所以应注重发挥龙头企业对上下游产业创新资源的整合功能，推动创新载体物理集聚和机制融通，加强产业链上的技术、成果、人才、资金等要素优化整合。以重点企业研究院、企业创新平台建设为切入点，鼓励骨干企业根据自身特色和优势与科研院所、高等学校联合组建技术研发平台和产业技术创新战略联盟，围绕产业链形成创新资源的整合优势。进一步发挥骨干企业协作引领、产品辐射、技术溢出等核心作用，通过对产业链上下游企业提供创新服务，带动产业链整体跃升。

（三）促进服务机构密切联动

从系统论的角度看，只有强化子系统间的协同效应和耦合效应，系统总体功能才会大大增强。要提高创新机构的组织化程度，通过股份制、理事会制、会员制等多种运作模式，将研发设计等创新机构有机组织起来、实现紧密协同，发挥综合体的整体效应。在这个过程中政府要积极有为，改革和创新服务管理方式；企业要发挥主体作用，着力提升创新能力；高校院所要主动参与，加快科技成果转移转化；金融机构要精准服务，积极拓展企业融资渠道；中介机构要密切配合，提供精细化专业化服务，形成各类主体开放共享、协同共赢的产业创新生态体系，为产业发展壮大提供充裕的“阳光”“雨露”和“土壤”。要紧紧围绕产业链布局技术链，根据技术链完善要素供给，叠加创新服务体系，促使双链融合，产生强大的整体效能，形成区域创新生态比较优势。以提高服务机构的协作化程度为目标，推进创新服务机构联盟，引导联盟加强共性服务基础设施建设，促进中介服务机构之间的能力互补。支持各类工程技术中心、协同创新中心、企业研究院等协同创新，增加创新机构之间的学习交流，大幅提升综合体的总体能级。为强化服务效率，要发挥好创新服务体系的系统效能。一是要解决好企业需求难点问题。及时跟踪、深入摸清企业创新需求，建立企业需求数据库，加大多样化个性化服务供给，支持广大中小微企业提升产品创新、业态创新、组织创新、模式创新，提升自主研发、品牌创建、资本运作等创新活动的能力，为中小企业提供精准、便捷、经济的创新服务。二是针对高端设备和工艺、高性能材料、关键零部件开展协作创新、联合攻关，突破“卡脖子”技术制约，发挥综合体策源产业创新的推动力作用。三是着力解决公共服务堵点问题，瞄准产业转型升级的共性需求，开展基础共性技术的研究，充实计量测试、人员培训、认证咨询、知识产权保护等公共服务功能，配套完善一体化支撑的孵化体系，切实降低中小微企业创新风险和成本。

第八章

区域创新空间体系与战略性新兴产业双链融合

区域创新空间是聚集创新活动的场所，是创新活动创造价值的直接转化空间，以创新、研发、学习、交流等知识经济主导的产业活动为核心内容。传统的基于经济学的创新研究框架忽视了空间的重要性。20 世纪 90 年代以来，随着创新地理学的兴起，对创新集聚的空间问题研究得到大力拓展和延伸。很多学者对创新活动的空间集聚现象进行了观察和描述，发现在全球层面，创新活动的分布是高度集聚的，在区域内部创新活动也是高度集聚的。在特定区域内，发展战略性新兴产业，经济开发区、国家高新区等平台无疑是主战场，但伴随创新活动细化，各类型创新空间不断衍生，孵化园、特色小镇、科学城、科创大走廊等不同尺度的创新空间逐步涌现。不同创新空间承担着差异化功能，构成区域内多层次创新空间体系。创新空间之间的相互融合以及协同发展成为驱动战略性新兴产业双链融合发展的重要依托和抓手。

一、战略性新兴产业双链融合的空间支撑

（一）相关理论回顾

1. 区域创新系统

对新产业空间的研究可以追溯到马歇尔的产业区概念（Marshall,

1910，1961），强调地方化经济和集聚经济能够带来成本节约、专业化发展、推进交流和促进创新等竞争能力。在国家创新系统理论影响下，区域科学家和经济地理学家开始区域创新系统研究。区域创新系统是企业及其他创新相关机构，在以根植性为主要特征的制度环境下，系统进行交互学习而形成的一个体系（Cooke et al.，1996），主体—功能—环境是区域创新系统的基本构成（Asheim & Isaksen，2002）。其核心观点包括空间接近和产业集群有利于知识流动和知识转化，但区域创新系统必须根植特定制度文化环境下，是一种区域制度安排和系统自组织。关于区域创新系统的类型，存在多种区分标准，Cooke（1998）从治理结构角度将区域创新系统划分为基层式、网络式和统制式，从商业活动模式又分为地方式、交互式和全球式。

2. 空间关联理论

空间关联反映了创新活动在地域空间上的关联效应。经济要素的流动是解释空间相关的重要来源，与传统经济要素类似，创新要素亦具有稀缺性和追逐自身价值最大化的特征（白俊红和蒋伏心，2015）。区域创新的空间关联程度一般受空间距离、交通通畅性、区域间知识存量差异等多因素的影响，且满足距离衰减规律。王庆喜和胡志学（2018）以长三角地区研发企业为研究对象，发现研发企业在20千米范围内有明显的集聚状况，知识溢出的空间强度随距离递增呈负指数幂函数形式加速衰减，于40千米处左右减势趋于平缓。邵汉华等（2018）研究发现我国研发创新和经济转化两个阶段区域创新的空间关联逐步增强，地区间经济发展方式的差异、地理位置的邻接有助于增强两阶段创新发展的空间关联性。

3. 城市创新空间及网络

在全球创新版图中，城市尤其是特大城市发挥着越来越大的作用，全球科技创新中心主要集中在世界大城市群地区，尤其是北美和西欧两个世界大城市群。2017年，全球创新数据机构2thinknow发布2016~2017年城市创新指数，其中53个城市归属第一层级的支配型城市，即最具创新力的城市在53个支配型城市中，125个归属第二层级的中心城市，260个归属第三层级的节点城市，另有46个归属第四层级的新兴城市。在53个支配型城市中，有9个位于亚洲，其中北京排在全球第30位、上海排在第32位、香港排在第35位。随着全球创新网络的加速形成，城市发展的网络逻辑变得日益突出（Castells，1989；曹湛和彭震伟，2017）。一个城市竞争力的高低已不仅决定于经济实力、人口、区位、资源禀赋等硬性因素，还取决于其在全球创新网络中的地位。全球创新网络中地位的提升与一个城市内部的创新基础、研发体系紧密关联，只有那些功能完备且高度联通的内部空间体系才能实现各种创新要素的自由流动及有效转化，并以此提升城市汇聚创新信息及向外传递过程中的增值能力。Rozenblat将传统的城市经济学/空间经济学理论和全球网络理论进行了尝试性的嫁接，构建了从城市内部网络到城市间网络连续互动的逻辑过程。强化各类创新空间之间、创新空间和生产空间之间的关联，推动城市内部空间体系柔性化成为城市发展的重要战略方向（王德起和钟顺昌，2016）。

（二）区域创新空间体系对双链融合的作用

1. 多元要素集聚

创新物种的多样性是一个地区创新生态系统保持旺盛生命力的重要基础。物种多样性减少将导致整个创新生态系统的稳定性和抵御风险能力下降，持续创新机制将受到破坏。因此，丰富的物种多样性将促进创新生态系统结成稳定的共生共荣关系，实现系统适宜的创新环境。战略性新兴产业双链发展需要技术、资本、人才等要素及研发机构、创业企业、龙头企业、服务中介等各类主体的有效集聚。多层次创新空间体系建设为不同主体的集聚发展提供了空间。优秀人才、风险资本、高技术基础设施和有效的公共政策的有机集成，带来创新经济协作、科技企业迁入、风险资金、技术扩散等优势，并进一步推动城市创新圈的累积式扩张，进而创造出更为强大的综合经济实力和创新力，有利于吸引更多的资本、人才、技术等创新要素流入。

2. 信息及知识共享

在知识交互特别是默会知识的扩散过程中，地理距离有着较大影响，Carlino和hunt（2012）研究发现，在城区的研发实验室在小的空间尺度中更具地理传导价值，随着距离的增加快速消散。特定区域内的创新生态系统强调的是区域内所有主体间的相互适应，不仅关注有形合作、物质资源的交换，更注重知识、创意、文化等无形资源的共享。以硅谷为例，这个地区的创新体制与大学、研究机构、综合性的服务基础设施、人才库、企业家精神及资本市场共同构建了创新生态循环系统，培育了一批又一批具有不同技术优势的创新企业。正如，李钟文等（2002）研究所指出的一个地区的创新生态系统最终体现为一种精神的栖息地，是创新活动系统化下呈现出的整体氛围，在这个氛围下“洋溢着创新的空气和味道”。

3. 科技产业化联合攻关

区域创新空间体系不是孤立的建设科技园区，也不专注于发展离散工业，而是有意识地通过不同部门和产业的融合来创造新的产品、技术和市场解决方案。通过集聚高等院校、科研机构、投资机构、创业者、服务机构等各类主体推动不同部门、产业之间的汇聚创新，如信息技术和生命科学、能源、教育的结合，新技术与传统产业如广告、媒体、时尚、金融融合等。各类创新主体通过网络互动，能够广泛搜寻创新空间，相互激发创新灵感，合作进行科技攻关，并能迅速实现科技成果的商品化、产业化和市场化。各级创新中心围绕要素流动、信息共享以及产业合作开展互动，以创新基地为平台、产业集群为载体、地区特色产业为依托，形成平台带动产业，产业集聚成群的创新格局（余斌等，2007）。以巴黎为例，作为欧洲创业中心，其依托大区创新中心（The Paris Region Innovation Centre），将区域内的大学、科研中心、大型集团和中小型工业企业有机地联合在一起，形成有效互补的创新生态系统，并以创新项目作为抓手，运用资金纽带，促进这一生态系统中的各个环节“发生联系”。

二、区域创新空间体系发展全球趋势

区域创新空间体系是不断发展完善的过程，特别是为适应战略性新兴产业发展，整体呈现出由单一类型到多元类型、由简单功能到复合功能、由散点分布到体系协同的发展态势。

（一）由单一类型到多元类型

区域创新节点是创新资源富集和创新密集的空间域，具有三个空间层次，即以各级城市（城镇）为节点的宏观层次、以各类产业集群为节点的中观层次和以各种创新基地为节点的微观层次。王兴平等（2015）提出区域创新空间体系经历了大空间主导、“大空间 + 专门空间”以及“大空间 + 专门空间 + 小微空间”三个阶段发展。2014 年美国布鲁金斯学会在一份题为《城市创新区的崛起：美国创新地理的新趋势》的报告中对美国大都市区近年发生的创新企业快速向中心城区及城郊集聚现象及形成特定地理空间组织进行研究，提出城市创新区这一概念。城市创新区作为集聚高端研发机构、企业孵化器及促进机构、企业集群和创业企业的城市空间，主要存在于城市中心城区或大都市区边缘，具备物理空间紧凑性、公共交通通达、公共网络分享、知识共享与技术合作，居住、办公与商业等功能混合布局，公共服务完善等特征。相比工业园区、科技园区、创意园区等传统实践，城市创新区建设体现了创新活动空间集聚的一种高级形态，城市创新区的兴起就是对科技园区、工业园区等创新平台的重要补充。

从国际经验来看，高校和科研院所、旧城改造地区、郊区高科技园区最容易形成城市创新区，这三个区域所形成的城市创新空间分别对应锚定型、城市再造型以及城市化科技园三种类型。其中锚定型主要位于中心城市的市中心区，以高校、科研院所以及龙头企业为核心，集聚相关企业及创业者。城市再造型创新区主要凭借其悠久的历史传统、毗邻高租金的城市中心等优势，集聚了一批先进的研究机构和代表企业。城市化科技园区一般位于郊区及城市远郊区域，与传统的市中心相互隔离。由于城市创新空间往往是城市人才集聚、企业集聚、产业发展、城市功能提升的新增长极，因此有很多城市化科技园区尽管早期一般位于郊区及城市远郊区域，与传统的市中心相互隔离，但随着科技园区的发展壮大，城市活力充沛，人才、人口、产业发展优势突出，城市功能后来者居上，逐渐发展成为中心城市中心区。

以东伦敦科技城为例，该科技城位于伦敦东区的集科技、数字和创意等企业群聚的中心，其最初起源于硅环岛，被称为“迷你硅谷”，是一个相对较小的、高密度科技产业园。2008 年只有 30 家科技企业，2010 年英国政府颁布了一项支持“迷你硅谷”发展计划，将从老街、肖尔迪奇向东延伸到奥林匹克公园的区域建造成高技术产业中心，命名为东伦敦技术城。这一布局反映出伦敦重新布局市中心，认识到人口的增长、核心区加密以及紧凑的竖向开发方式的重要性。2005 ~2014 年，伦敦吸引了 1000 个国际科技投资项目，欧洲排名第二的城市巴黎只有 381 个项目。其中，东伦敦科技城（Techcity）每年都有超过 1. 5 万家公司成立，根据伦敦发展促进署（London & Partners），这些新兴科技公司 2015 年一共吸引到 2. 28 亿美元风险投资，比上年增长了 69%。在伦敦科技城的发展中，确保把新建筑中的一部分空间用作孵化区，鼓励巴克莱银行等金融机构针对创业企业的特殊融资服务。同时鼓励年轻人加入，使之成为最受欢迎的时尚、创意聚集地。

（二）由简单功能到复合功能

战略性新兴产业对地区经济、人口、文化氛围等有着较强的敏感性，强调自我调节与有效更新。因而在区域创新空间的建设上相比以往更加强调包容性、通达性，在一定程度上兼具了校区、社区的功能。在物理空间布局时注重生产、生活、生态等功能混合开发，实现产业与城市功能融合、缩小科技园区内多元化要素的社会距离，成为城市整体结构的重要部分。在空间设计上更加注重高密度交互空间营造，通过改变办公室空间设计，满足多元主体办公需求，同时建立丰富的合作开放空间和场地、公共创新中心、会客厅以及发展 24 小时社区等强化创新主体之间日常信息交流、学习互动以及共同探讨。此外在园区基础设施建设中还会引入 5G、物联网、智能终端等新型设施，以此为新经济创业创新提供最便利的高端配套服务。

与以往空间上隔离的中心城区创新园或依靠汽车通勤、综合服务功能薄弱的远郊科技园不同，城市创新区等新型创新空间更加强化现代创新经济所需要的多要素相互影响、相互支撑的内涵，从传统的空间相对隔离、自我发展的阶段转向具有城市综合功能与开放性的城区阶段（李健和屠启宇，2015）。城市创新区浓郁的城市特质（苏宁和屠启宇，2015），体现了各类创新主体在位置选择偏好上的变化，越来越多的人才倾向于集聚到紧凑且基础设施便利的城市空间，创新企业也倾向于将研发机构布局到其他企业、研发实验室及大学关联的区域内。Florida（2014）通过邮政编码和区域编码地图化风险资本的活动，结果表明高技术开发、创业活动和风险投资最近都开始向城市中心转移。例如，以往医药公司更多布局于郊区，但近年来更多的医药公司将研发部门布局于研究型大学附近，以降低药品开发成本和风险。各种类型公司的混搭才能创造创新的最佳环境，当前城市创新空间往往选择具有高附加值、高度创造性，以研究为主导的产业领域，通过有意识集聚高等院校、科研机构、投资机构、创业者、服务机构等多元主体实现创新全要素的导入。

以波士顿大都市区为例，该地区是美国东海岸重要都市区，在2Thinknow发布的2011年全球100个最具创新力的城市中，波士顿名列榜首。波士顿大都市区包含波士顿市、剑桥市、萨莫维尔市、沃顿市、列克新敦市，其中剑桥市是哈佛、麻省理工学院等世界一流大学的所在地，也是波士顿大都市区的创新心脏。早期大学城远离波士顿中心，但随着城市化的发展以及高校对整个都市区发展的影响，两者融为一体，剑桥作为智力区提供高教、研发等服务，而波士顿市中心主要扮演商务区角色，提供金融、商贸等服务。

从边缘到核心，剑桥从一个避开喧嚣的乡村发展到卫星城性质的大学城，再上升为大都市的功能性城区，其发展充分体现了围绕创新展开城市构造的理念：①引导空间规划响应创新活动。2007年剑桥市通过调整城市规划与土地用途，引导肯德尔广场工业厂房改建，新开辟研发空间，将创业者住房需求、学术和商业空间有机结合起来，创造一个充满活力的多功能区域。为保证师生在科学中心和教学区、生活区之间方便、安全的通行，还配合哈佛大学将该地段的剑桥大街改为地下道。所有这些体现了空间规划、市政建设响应和引导创新活动的实践案例。②强化毕业生及各类创新人才本地融入。超过七成的剑桥市民受过高等教育，大量的高校相关人士都以哈佛广场和肯德尔广场为轴心，放射状地散布居住在各个社区中，如2008年统计有超过4万名哈佛校友生活在波士顿市的75英里交通圈内。③推进校区、社区、园区协作。剑桥当地产学研主体保持经常性沟通，沟通方式包括高校校长或教授进入社区社团，商会支持科研经费投入，当地社团委托第三方研究全面分析高校对当地经济发展与就业增长的贡献等。

（三）由散点分布到体系协同

在创新全球化背景下，网络要素成为区域创新空间的关键资产。顺应创新系统生态化、创新空间网络化趋势，当前区域创新空间体系十分注重在本地网络及全球网络中建立双重链接，形成节点效应，既要融入本地网络，凝聚现有创新能力，以新要素、新业态带动形成更为密集的本地蜂鸣（Local Buzz），增强区域创新系统的根植性，又要嵌入全球创新网络，寻求更高水平的开放，建立高质量的全球通道（Global Pipeline）。一方面能够加速在全球范围内获取新的发展思路、抓住新机遇、寻找高端人才和技术，另一方面减少网络内交易成本，加快创新资源整合（Bathelt et al.，2004；曹湛和彭震伟，2017）。李健（2016）指出对城市创新空间的布局已由简单初级的自发性发展阶段逐步发展成为以政府规划为引导，并与城市内部资源禀赋、科技创新及产业特征紧密结合。城市创新空间的塑造是全球各大城市推动新一轮发展的关键战略，也成为中心城市复兴的重要方式（陈恒和李文硕，2017）。在科研机构和高端研发中心引领下，创新城区在美国及全球数十个城市及大都市区涌现，表现出了与传统城市发展及规划模式大相径庭的特征。

不同于传统工业园区、科技园区，城市创新空间十分注重网络资产的积累，更偏向轻量化运作，重视交通组织、通信联系，同时突出制度建设、环境品质和服务水平等。通过鼓励多元主体之间的技术链接、资本链接、产业链接，支持跨领域、跨机构、跨行业、跨区域等多重社会组织网络的形成和发展，以实现一个结构完整、功能完善的创新系统。

以巴塞罗那创意区为例，该地区位于西班牙的东北部，是全国最大的海港城市和工业中心，普布诺地区作为城市早期的工业区形成以纺织和食品加工为主的经济结构，成为工厂和工人住宅的集聚地，并长期与城市中心隔离。随着全球创意经济的迅速发展，为保证城市持续发展动力，该区提出了22@计划，试图实现三大发展目标：一是城市更新重塑地区活力，形成多元开发、综合建设的平衡；二是经济复兴运动，将整个区域建设为繁荣地区，特别是吸引各种创意人才，刺激文化和技术的结合以及商业化进程；三是更新人居关系，重塑城市思想氛围、价值取向和规范模式。在具体实施过程中，普布诺地区主要从三个方面着手：一是着力改善实体环境，包括城市规划、建筑改造以及城市基础设施更新等，提升城市的整体环境；二是推动生产和居住功能混合利用，鼓励人们居住在工作单位附近，推进当地商业和消费旺盛；三是形成开放的社会交流空间：依托复合街区建设，提升地区功能多样性、本着行人和环境优先的原则，大力发展城市交通设施，保障所有街道和公共空间畅通，为培育多元化文化提供现实基础。一系列的更新改造为地区提供了自由宽松的文化氛围，为文化创意产业的发展提供了有利条件，吸引了大量的文化和创意等新兴企业落户，使得该地区的城市经济、社会、文化和环境都得到了积极的发展。

三、案例分析：杭州城西科创大走廊创新空间体系

（一）杭州城西科创大走廊创新空间体系构成

杭州城西科创大走廊是杭州创新资源主要集聚地，也是杭州乃至浙江信息经济发展的高地，东起浙江大学紫金港校区，西至浙江农林大学，包括浙大科技城、未来科技城、青山湖科技城三个科技新城，规划总面积

224 平方千米。根据规划到 2020 年，杭州城西科创大走廊将集聚各类人才总量达到 30 万人，引进科研院所 100 家，集聚高新技术企业 1000 家、科技型中小微企业 1 万家，各类基金资产管理规模达到 2000 亿元，战略性新兴产业产值比重达到 70%，努力打造全球领先的信息经济科创中心，使之成为浙江创新发展的主引擎。为实现这一目标，杭州城西科创大走廊积极布局集“基础研究、应用研究、大学成果转化、企业研发”等有机融合的城市创新空间体系，创造性提出特色小镇这一产业发展新平台，依托大走廊—科技城—特色小镇—研发/孵化/产业平台等不同层次空间嵌套为信息经济双链融合发展提供了有力支撑（见图 8－1）。以城西科技大走廊中未来科技城发展为例，2012～2017 年该科技城重点发展区域电子信息产业的企业数分别为 165 家、202 家、237 家、869 家、1486 家、2679 家，增长幅度为 1523.6%，2017 年信息产业实现营业收入 2952.74 亿元，占未来科技城总营收的 81.8%，相比 2012 年的 279.62 亿元，年均增长率达 60%。

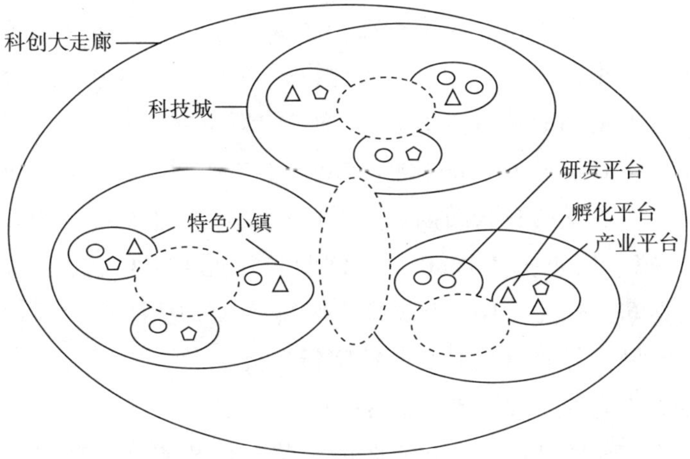

图 8－1　杭州城西科创大走廊创新空间体系

（二）特色小镇：科创大走廊创新空间体系关键节点

特色小镇是区域创新空间体系建设的重要创新，2014 年起步于浙江，在短时间引起了全国各方广泛关注。特色小镇非镇非区，不是行政区划单元上的一个镇，也不是产业园区的一个区，而是按创新、协调、绿色、开放、共享发展理念，所形成的集产、城、人、文四位一体有机结合的重要功能平台，以集聚创新人才、风险投资、先进技术、专业服务等优质要素为目标。特色小镇面积一般在3平方千米左右，对比工业园区、科技新城等，小尺度是特色小镇的重要特征。经过多年实践，特色小镇成为浙江战略性新兴产业发展的重要平台。通过建设云栖小镇，杭州转塘科技经济园区升级成为全国云计算产业先发地，累计引进包括阿里云、富士康科技、Intel、中航工业、银杏谷资本、华通云数据、数梦工场、洛可可设计集团在内的600多家高科技企业，2017年涉云产值超166亿元，2018年突破220亿元，形成了颇具全球影响的云产业创新生态。同样，德清地理小镇建设使湖州莫干山国家高新区地理信息产业快速发展，并成功举办了首届联合国世界地理信息大会。

在杭州城西科创大走廊创新空间体系中，特色小镇是关键一环。在发展中先后布局了梦想小镇、人工智能小镇、南湖创新小镇、淘宝小镇、五常湿地科研创投小镇等一批特色小镇建设，各个特色小镇通过分工协作形成了驱动科创大走廊战略性新兴产业发展的新空间结构和产业分工体系。其中，梦想小镇是最早成型的特色小镇，于2014年9月启动建设，2015年3月开园，重点发展互联网创业和股权投资。经过多年实践，累计集聚孵化平台40家、创业项目1280个、创业人才近12400名、金融机构298家、管理资本537亿元，162个项目获得融资总额达45.1亿元，其中遥望网络、灵犀金融、仁润科技等企业挂牌新三板。

1. 政府定位转变，从园区管理转为平台搭建

梦想小镇在发展过程中，政府职能定位与传统园区管理发生了很大的改变，出现了新的政企、政商关系，即亲清型政商关系。政府重点做好空间配套，加强服务供给，并通过市场的力量来支持大众创业，积极引进各类孵化服务机构，引导股权机构搭建孵化平台，为企业提供专业化、市场化、多样化的新型孵化服务。

（1）构建“互联网+政务服务”机制降低运营成本。实行线上和线下

并举的服务方式。围绕初创企业特点和需求，转变管理方式，加强服务供给，推动简政放权，打造最为宽松的营商环境。改变以往“面对面、一对一”式的传统服务，将服务项目和服务窗口搬到线上，开发O2O云服务平台，采用淘宝网的理念，由政府来当“店小二”，着力提升服务效能和用户体验。

（2）创新建设与运营机制，实行企业主体。在建设过程中更加精准地把握政府和市场的关系，坚持企业为主体、市场化运作，不由政府大包大揽。政府的精力集中在城市配套和公共服务上，做好编制规划、保护生态、优化服务，积极引入第三方机构，为入驻企业提供专业的融资、市场推广、技术孵化、供应链整合等服务，不断完善政策体系和服务链。

（3）鼓励社会资本参与建设运营。通过引进新型创业服务机构、建立天使引导基金、组建创业贷风险池、开发云服务平台等途径，不断完善政策体系和服务链条，着力打造最富激情的创业生态系统，使梦想小镇成为省内首屈一指的新型众创平台。在政策扶持方面，改变原有扶持方式，实现直接变间接、分配变竞争、无偿变有偿、事后变事前、低效变高效的“五个变”，发挥财政资金“四两拨千斤”的作用，撬动社会资本投资梦想小镇建设，发挥财政资金的最大绩效。

2. 广泛引进集聚人才、资本与创新主体

梦想小镇走出浙江、立足全国、放眼全球，以宽阔的视野吸引要素，并通过体制机制和政府管理创新，激发要素活力，使得各种资源要素深度融合。新的资源要素包括新的高端人才、创业项目、创业资本和创业创新主体。

（1）集聚高端人才。拥有阿里系、浙大系、海归系、浙商系等创新创业“新四军”。深入推进与各类中介机构、涉外机构、海外组织的合作，千方百计吸引海内外创新创业人才的加入。政府通过空间、租金、税收减免、创新券、购买园区服务等多种方式，积极做好对创新创业者的精准化服务。

（2）集聚创业创新资本。通过引进天使投资人或投资机构，撬动民间资本进入创业创新领域。梦想小镇通过引导基金、产业基金（浙江省信息产业基金、金融、健康等产业基金等）、贷款风险池，撬动社会资本转化成科技资本和产业资本。例如，政府投给海邦人才基金2000万元，已带动了10多亿元的投资项目。

（3）集聚创业创新主体。构建了“创业苗圃＋孵化器＋加速器”的全程孵化链条。高新企业、公共技术平台、研究院所、企业研发中心和风险投资机构等创业创新主体，共同构建了良好的创新创业生态体系。马达加加、良仓孵化器、极客创业营、阿里纵贯会、浙大校友会等10个各具特色的种子仓，36氪空间、华睿等国内知名创业服务机构已相继入驻梦想小镇。

3. 全方位资源导入，打造新兴产业接力式培育链

梦想小镇作为基于互联网的双创平台，本质上就是一个大孵化器。市场型孵化器成为配置创新创业资源的重要市场主体。梦想小镇实现了市场主体从生产产品的企业向生产企业的企业（孵化器）的升级。

（1）新的融资模式。股权投资对接智慧资产。重点培育和发展科技金融、互联网金融，集聚天使投资基金、股权投资机构、财富管理机构，着力构建覆盖企业发展初创期、成长期、成熟期等各个不同发展阶段的金融服务体系。参考硅谷天使投资的评价体系，根据自己对于早期项目的衡量，调整维度和权重。

（2）新的放大机制。产业基金引导民间资本。以引进海外高层次人才为优先目标，尤其重视“带项目、带技术、带资金”的高端人才及创业团队的引进，走内涵式发展道路；以基金杠杆的形式，探索浙江传统产业的资本与创新创业的有效结合。以政府产业引导基金注入专业的投资机构，进行人才的筛选、引进和投资后服务，撬动民间资本成为产业资本，形成“人才＋资本”的创业特色。政府的产业引导基金可以带动4～5倍投资机构自有资金，后者又通过发行基金进而带动多倍的民间资本参与，实现浙江丰富的民间资本与高端人才和项目的结合。

（3）新的孵化平台。打造接力式产业培育链条。针对初创期、成长期、成熟期等不同阶段，着力打造种子仓—孵化器—加速器—产业园接力式产业培育链条，确保企业在研发、加速和产业化全过程都能够得到空间保障和政策支持。引进阿里百川创业基地、湾西加速器和硅谷500Startups

等10多家新型创业服务机构搭建众创空间，形成了涵盖融资、培训、辅导、市场推广等环节的创业服务链。引入了创业创新所急需的“导师制”，大幅度提高了创业创新的成功率。

4. 优化空间生态布局，产城人文融合发展

为了加快完善创新生态系统，营造一流的创业创新环境，梦想小镇摒弃了开发区建设“贪大求洋”、“大拆大建”的老思路、老办法和体制束缚，通过深入审视自身禀赋制定了“先生态、再生活、后生产”的开发理念，确保生产、生活、生态“三生融合”。通过资源整合、项目组合和产业融合，梦想小镇被打造成一个产、城、人、文“四位一体”的新型空间、新型社区，是生态、生活、生产高度融合的田园城市新样板。创业者在这里既能享受到都市的快捷和便利，又能够留得住青山绿水、记得住乡愁。

（1）优化空间生态布局和创业环境打造。引燃了年轻人的创业激情，有效重塑了杭州大城西的创业生态。梦想小镇没有沿用传统产业园区招商引资的老路，而是集中精力全力打通空间、配套、产业、政策、招商“五大体系”，不断降低创业成本，形成了一个完整的创业创新生态系统。帮助和支持有梦想、有激情、有知识、有创意的“四有”创业大学生破解创业初期面临的无资本、无经验、无市场、无支撑的“四无”难题，让他们在这里持续造梦圆梦。

（2）坚持产城人融合发展，满足高端人才的核心需要。坚定不移地走产、城、人融合发展的路子，在良好的生态本底上精心嵌入城市功能，紧紧围绕人的需求建设城市，加快国际学校、高水平医院、文化休闲、商业配套、高铁等项目建设，降低通勤成本，以丰富的城市功能吸引高端人才集聚，以深厚的产业集聚提升城市价值，打造“三生融合、四宜兼具”的田园城市升级版，让创业创新、追求梦想的人能够自由徜徉于山水之间、自由徘徊在出世与入世之间。

（三）城西科创大走廊创新空间体系的内在耦合

对于区域创新体系而言，不同尺度创新空间的协同性以及由此形成的共生性最为重要，只有这样才能利于战略性新兴产业发展中要素流动和整

合。在杭州城西科创大走廊发展中，孵化平台、研发平台、产业平台与特色小镇，以及特色小镇与科技城之间形成了良好互动。为反映这一互动，选择发展最为成熟的梦向小镇与未来科技城进行共生性测度。本书借鉴May（1976）等的研究，采用Logistic模型来研究特色小镇与科技园区之间共生模式。为了简化模型，假设特色小镇以及科技园区成长都符合Logistic模型所表述轨迹，两者在成长过程中都消耗了社会资源，均面临着资源有限的限制。由Logistic模型可知，特色小镇或者科技园区单独成长轨迹可以表现为如下形式：

$$\frac{dQ}{dt} = \varphi Q(t) \cdot \frac{R - Q(t)}{R},\ Q(0) = Q_0$$

其中，Q（t）刻画的是特定时期t当中特色小镇或科技园区的规模；R表示特色小镇或者科技园区充分利用社会资源的条件下所能够达到的规模；φ为特色小镇或科技园区的自然增长率；$\frac{R - Q(t)}{R}$表示t时期除去特色小镇或科技园区所占用的资源后，其余社会资源所占总资源的比重。通常情况下有$0 < Q(t) < 1$，说明特色小镇或科技园区处于开发状态中，且规模不断扩大，但发展的潜力正在逐步缩小。由上述单独个体的成长轨迹模型，本书将特色小镇和科技园区的发展轨迹设定为如下方程，其中，下标N代表科技园区，下标T代表特色小镇，变量含义与单个模型一致。

$$\frac{dQ_N}{dt} = \varphi_N Q_N(t) \cdot \frac{R_N - Q_N(t)}{R_N}$$

$$\frac{dQ_T}{dt} = \varphi_T Q_T(t) \cdot \frac{R_T - Q_T(t)}{R_T}$$

由于特色小镇与科技园区的成长相互影响，所以，将特色小镇和科技园区的成长轨迹设定为如下形式：

$$\frac{dQ_N}{dt} = \varphi_N Q_N(t) \cdot \frac{R_N - Q_N(t) + \mu_1 Q_T(t)}{R_N}$$

$$\frac{dQ_T}{dt} = \varphi_T Q_T(t) \cdot \frac{R_T - Q_T(t) + \mu_2 Q_N(t)}{R_T}$$

其中，μ_1表示特色小镇对于科技园区发展的影响效应，μ_2表示科技园区对于特色小镇发展的影响效应。具体而言，两者共生模式包括以下几类：

（1）独立共生关系：当 $\mu_1=0$ 且 $\mu_2=0$ 时，特色小镇与科技园区独立发展。

（2）竞争共生关系：当 $\mu_1<0$ 且 $\mu_2<0$ 时，特色小镇与科技园之间发展形成消极作用。

（3）寄生共生关系：当 $\mu_1<0$ 且 $\mu_2>0$ 或者 $\mu_1>0$ 且 $\mu_2<0$ 时，特色小镇与科技园区的成长对另一方面呈现明显相反作用。

（4）偏利共生关系：当 $\mu_1>0$，$\mu_2>0$ 且 $|\mu_1-\mu_2|>0$ 时，特色小镇与科技园区发展相互促进，但相互间作用呈现较大差异。

（5）互利共生关系：当 $\mu_1>0$，$\mu_2>0$ 且 $|\mu_1-\mu_2|<0$ 时，特色小镇与科技园区相互促进且两者之间未有较大差异。

我们收集了 2015 年 4 月至 2017 年 12 月梦想小镇和未来科技城的营业收入，采用 SPSS 软件对未来科技城和梦想小镇成长轨迹进行拟合，并对两者之间共生模式进行分析，以此来探索互动关系。从表 8－1 可以看出，Logistic 模型的 R^2 最高，说明 Logistic 拟合结果最好。图 8－2 和图 8－3 汇报了未来科技城和特色小镇成长的 Logistic 模型拟合效果，在一定时期内，梦想小镇和未来科技城共享区域内的资源，都呈现较快的增长态势。随着时间推移，梦想小镇和未来科技城所能够共享的资源将会越来越少，从而限制梦想小镇和未来科技城的发展，两者增长速度趋缓。

表 8－1 未来科技城和梦想小镇共生模拟

	未来科技城			梦想小镇		
模型	R^2	F 值	Sig.	R^2	F 值	Sig.
S 曲线模型	0.290	12.636	0.000	0.291	12.742	0.001
对数模型	0.499	30.891	0.000	0.498	30.738	0.000
幂函数模型	0.586	43.840	0.001	0.658	59.738	0.000
Logistic 模型	0.718	78.926	0.000	0.893	256.677	0.000

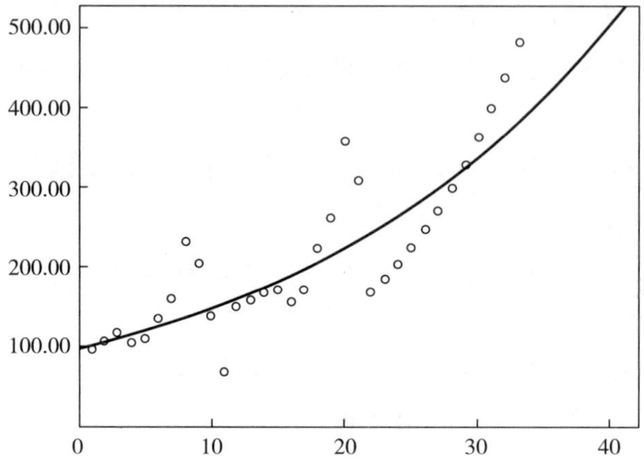

图 8-2　未来科技城营业收入拟合图

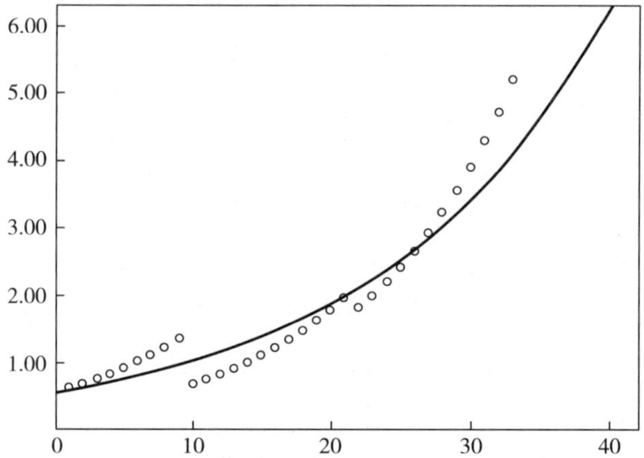

图 8-3　梦想小镇营业收入拟合图

本书采用 SPSS 软件对前文理论模型所述的 μ_1 和 μ_2 进行参数估计，由此来考察梦想小镇和未来科技城两者之间的共生关系。表 8-2 从总体层面汇报了模拟结果，μ_1 和 μ_2 符号为正，说明未来科技城与特色小镇之间存在相互促进的共生关系，未来科技城发展带动了特色小镇发展，而特色小镇的成长也能够促进未来科技城转型升级。同时，μ_1 和 μ_2 两个参数之间的差值比较小，说明未来科技城与梦想小镇之间应当是互利共生关系，未来科技城或梦想小镇的成长都能够带动另一方的发展。不仅如此，μ_2 的

值大于 μ_1 说明未来科技城发展对于梦想小镇的促进作用要大于梦想小镇发展对于未来科技城的促进作用。

表 8-2　未来科技城和梦想小镇共生系数测算

变量	系数	t 统计量	标准误差
μ_1	0.727**	87.605	0.000
μ_2	0.995**	139.765	0.000

注：μ_1 表示未来科技城为因变量，所受到梦想小镇发展影响的系数；μ_2 表示梦想小镇为因变量，所受到未来科技城发展影响的系数。***、**、* 分别表示在 1%、5% 和 10% 的水平下通过显著性检验。

在此基础上，我们分别估算 2015 年、2016 年和 2017 年的 μ_1 和 μ_2，研究未来科技城与梦想小镇共生关系的演变，结果如表 8-3 所示。2015～2017 年，未来科技城与梦想小镇之间每年都具有良好的共生关系，未来科技城对于梦想小镇的影响大于梦想小镇对未来科技城的影响，但是梦想小镇对未来科技城的影响快速增长，表明梦想小镇对于未来科技城的驱动作用日益提升。μ_1 和 μ_2 的差值从 2015 年的 0.683 缩小到 2017 年的 0.262，说明未来科技城和梦想小镇的共生关系不断从偏利共生转向互利共生，尤其是梦想小镇作为创新经济的新载体，强有力地驱动了未来科技城的发展。

表 8-3　未来科技城和梦想小镇共生模式演进

年份	变量	系数	t 统计值	标准误差	$\vert\mu_1-\mu_2\vert$
2015	μ_1	0.312***	45.187	0.000	0.683
	μ_2	0.995***	23.314	0.000	
2016	μ_1	0.415***	31.315	0.000	0.581
	μ_2	0.996***	34.086	0.000	
2017	μ_1	0.735***	476.584	0.000	0.262
	μ_2	0.997***	476.648	0.000	

注：μ_1 表示未来科技城为因变量，所受到梦想小镇发展影响的系数；μ_2 表示梦想小镇为因变量，所受到未来科技城发展影响的系数。***、**、* 分别表示在 1%、5% 和 10% 的水平下通过显著性检验。

（四）案例小结

杭州城西科创大走廊创新空间体系建设反映了政府部门在推进创新驱动发展战略中整体理念、实施路径以及制度安排的系统变革。传统科技园区高端创新要素不足、创新主体之间交流不畅等现象突出，很大程度上影响了科技园区的产出（刘志春和陈向东，2015）。高质量科技园区其本质是协同创新的生态系统，在系统内人才、技术和资本等创新要素能够自由流动，企业、科研院所等主体能够协同发展（Ritter & Geersbro，2011）。因而首先要加强创新主体集聚和创新资源整合。其次，传统科技园区在空间布局上多远离中心城区，与城市整体规划缺乏有效衔接，有产无城、产城分离现象明显。当前科技园区创新已不再是简单的技术创新，而是理念、人才、管理、市场等全方位创新。为适应创新者需求，园区需要叠加校区、社区、街区等多重功能（胡琳娜等，2016）。科技园区封闭式运营已不合时宜，需要全方面融入区域创新、产业发展以及城市能级提升的整体战略，深度融合推动创新资源导入，以创新产业有效培育引领区域产业结构优化。最后，传统科技园区以承接全球产业分工为主，原始创新成果少，高水平的科技园区是全球创新高地，在全球价值链分工中扮演着引领者角色（Lazaric et al.，2004）。面对新一轮产业变革的重大机遇，科技园区要主动融入全球创新网络来配置全球资源，突破产业转型升级和新兴产业培育的技术瓶颈，加快推进从跟踪型转向开创型、引领型研究，特别要加强从 0 到 1 的原创性研究，提升我国产业在全球创新链、产业链中的位势，建立起有全球影响力的现代产业体系。

特色小镇作为杭州城西科创大走廊乃至浙江创新空间体系建设中的创新实践，在上述三方面给予了优化。首先，优质资源的导入拓展了科技园区原有主体的选择空间，而高密度的交互空间为创新创业人才提供了思想交流平台，整体上增强了科技园区内部互动，优化了要素配置机制，推动科技园区产业架构从集聚到协调发展。其次，特色小镇在城市功能优化上形成了示范引领效应，有利于科技园与中心城区在产业发展以及空间功能上的相互链接。最后，特色小镇强调围绕新产业，引入新主体、形成新模式，在全球产业链占据特定产业生态位（李涛，2017），极大地拓展了传统科技园区创新网络的开放度，为企业参与全球创新资源配置提供了便利性。特色小镇的出现为区域创新空间经济如何优化布局、培育成熟创新创业生态提供了较系统的发展模式。

四、战略性新兴产业创新空间体系优化发展的对策建议

构建新兴产业空间形态创新体系具有重要现实意义。区域创新空间体系是区域适应全球创新经济竞争的实践成果，可以看作是区域创新系统和国家创新体系的重要组成部分，为战略性新兴产业建设中的空间资源分布格局提供重要支撑。深入把握城市创新空间体系由单一类型走向多元类型、由简单功能走向复合功能、由散点分布到体系协同的重大趋势，统筹推进各类创新空间的存量优化、增量扩张以及创新空间体系的开放协调发展，进一步集聚创新创业资源、推动研究机构、创新人才与企业相对集中，促进不同创新主体之间良性互动。

（一）强化城市创新空间的内部协同

在原有创新空间体系基础上优化产业空间、生活空间与生态空间的科学布局，引导存量用地再开发增加创新办公空间，释放有限空间的“内生”和“存量”。积极培育特色性创新空间单元，通过建设中央智力区、特色小镇、国际创业社区等新兴产业空间，完善原有创新空间的商贸、医疗、交通、教育等城市配套，实现生产、生活、生态内在平衡，形成产城人互为促进的良性循环系统，为双链融合发展构建起交互平台、活动空间以及文化氛围。鼓励战略性新兴产业向国家级新区等重点功能平台集聚。充分发挥科技大走廊、科技城、科技园区、工业园区、孵化园等不同尺度

创新空间的优势，打造跨越层级的网状体系，促进创新空间的结构重组与要素配置的效率提升。优化创新空间考核体系，强化资源共享、产业共生以及空间链接的考核导向，在鼓励对接融入中发挥出不同尺度创新空间的最大效用，避免低水平碎片化、重复性开发。

（二）强化创新空间体系的区域协同

区域创新空间优化要注重地区社会文化肌理的延续，紧密结合区域发展需求、社会基础以及人文氛围确定自身特色。这是因为创新空间建设涉及产业、交通、城市建设以及各种配套，只有纳入区域创新的整体战略，统筹各方面力量，分析经济、物理以及网络各子系统现有基础及存在的问题，才能利于人才、资本、土地指标、交通等各类资源要素的有效保障，实现与周边功能板块的协调。跳出传统的基于行政区的空间规划思维，展现协同发展的理念与行动策略，在新的空间结构体系和产业结构中，坚持产业发展和城市建设两手抓，做到做产业和做城市相结合，实现资源互补、协作共赢。通过产业的布局、产业的定位来促进城市建设，注重资源配置的科学性、资源要素的匹配性、空间布局的合理性、生态环境的协调性，推动产城良性互动发展。坚持引绿入城、引水润城，在良好的生态本底上精心嵌入城市功能，紧紧围绕人的需求建设城市，以丰富的城市功能吸引产业集聚，以深厚的产业集聚提升城市价值，打造“三生融合、四宜兼具”（先生态、再生活、后生产；宜居、宜业、宜文、宜游）的田园城市升级版。

（三）强化创新空间体系的全球链接

把握全球创新趋势和国家、区域重大战略需求，坚持前沿高端标准，超前布局，培育一批填补国内空白、影响世界的新兴产业集群。要以创新空间体系建设为抓手打造链接全球创新网络的关键枢纽，将创新空间建设纳入全球产业链进行价值识别，寻找适应的功能定位。在硬件上，完善居住功能和商业功能，统筹推进国际医院、国际学校、人才公寓等职住配套项目，加快实施地铁、慢行系统等立体化的公共交通体系建设，努力打造国际化人才集聚的一流环境。在软件上，制定海外人才吸引政策，提供高品质的生活保障和公共服务，吸引高端创新人才。通过推动创新空间研发和设计、品牌和产品、经济合作和园区建设走向国际，最大限度用好全球创新资源，力争在若干功能及产业领域确立起全球网络关键性节点的战略地位，着力增强全球创新网络中话语权以及对高端创新资源的配置能力，力争成为若干重要领域的引领者和重要规则的贡献者。

（四）强化创新空间建设的社会参与

引导社会资本参与各类创新空间建设，探索多元化运营模式。支持以各种所有制企业为主体，按照国家有关规定投资建设、运营创新空间，或者托管现有的园区，享受相关政策。鼓励以政府和社会资本合作（PPP）模式进行创新空间公共服务、基础设施类项目建设，鼓励社会资本在现有的创新空间中投资建设、运营特色产业园，积极探索合作办园区的发展模式。支持符合条件的创新园区运营企业在境内外上市、发行债券融资。充分发挥相关协会组织作用，制订创新空间服务规范，促进自律发展。此外，顺应智慧城市发展要求，引导社会资本在创新空间率先试验应用数字技术，完善创新园区基础设施，着力打造孕育和繁衍创新创业的新型智慧城区。

第九章

战略性新兴产业双链融合中的政策作用

一般而言，新兴产业发展存在市场自发，政府培育以及市场、政府共同推进三种模式，市场自发模式是指产业依靠市场自身力量进行生存竞争，政府培育模式是指产业在人为环境下进行生存竞争，在战略性新兴产业发展实践中，这两种模式都过于理想化。市场是产业发展最为关键的因素，但是由于市场缺陷的存在，政府以及相应的政策体系的作用也至关重要。

一、新兴产业发展政策支持的理论基础

（一）相关理论回顾

市场失灵理论、幼稚产业保护理论以及后发国家赶超理论是战略性新兴产业发展中政策作用的主要理论来源。

1. 市场失灵理论

该理论是创新政策最为重要的理论基础，新兴产业本身具有准公共物品性、外部性和不确定性，尽管初始研发成本较高，但是一旦知识被创造出来，几乎能免费使用，使有些厂家不劳而获，从而降低研究开发主体的创新冲动。由于研究与开发具有外溢效应，政府就必须在考虑社会效益的

基础上对研发活动的外溢性提供政策支持来提高新兴产业的发展业绩。另外仅依靠市场机制作用，也无法排除新兴产业发展中所遇到的不正当竞争、环境污染和资源浪费等大量不良现象。

2. 幼稚产业保护理论

该理论与贸易保护政策有关，认为发展初期的产业应当要得到保护，减轻来自国际市场的竞争威胁，培育幼稚产业在国际市场范围内的竞争力。政府不能作为“守夜人”，要做植树人，应制定积极的产业政策，利用关税、生产许可证等手段来保护国内市场（李斯特，1841）。

3. 后发国家赶超理论

主张从后发国家在劳动力成本、引进技术、规模经济等方面存在的“后发优势”出发，充分借鉴先发国家经验和教训，利用产业政策优化制度环境，提高本国产业在国际上的竞争力，以此跳过一些原本必经的阶段赶上并超过先发国家。

（二）新兴产业发展政策支持的三大功能

克服市场失灵是技术创新中政府行为的出发点。通过创新政策，政府着力改变产业系统中各类主体的抱负水平和激励水平，协调各主体的目标和行为，消除技术创新的外部性、不确定性问题，解决技术创新公共物品和私人物品性质之间的内在矛盾、市场外部正效应和负效应之间的矛盾、技术创新的战略资源意义和高风险之间的矛盾以及各主体之间竞争与合作的矛盾，促进技术创新的规模与速度，加快科学技术成果的产业化进程。

1. 政策引导功能

通过政策的导向性规定，一方面引导技术创新，使之符合国家的科技战略和国民经济及社会发展的总目标，如制定新兴产业目录，吸引各类社会资本和创新要素进入新兴产业领域，发挥政府资金的引导作用，降低投资者风险（刘澄等，2011）。同时，也可以通过相应的政策措施来按政府意图限制某些创新活动。另一方面通过引导市场需求加快高新技术成果商品化、产业化。依据国家利益优先的原则和国家的长远利益，运用政策的权力和财力开展委托研究和购买活动，制造并控制一个“政府市场”（孙明，2001)，在此基础上引导和培育全社会的产业需求。

2. 政策激励功能

由于创新成果与受益的非独占性、不对称性和不确定性，企业自主创新存在动力不足问题，政策的激励作用在于降低技术创新的成本，刺激企业技术创新投入的增加，从而弥补技术创新成果带来的私人受益与社会受益间的差额（洪勇、李英敏，2012)。政策的激励存在三种方式：一是加大规模激励，通过相应政策来改变企业、产业的规模水平，如通过政府采购改变市场对于产业的整体需求规模等；二是加大边际激励，来改变投入产出的边际水平，如边际产出、边际成本、边际价格和利润等；三是加大风险激励，通过政策来实现对企业、产业经济活动风险的调节变动，如通过专利保护制度建设来降低企业研发成果被模仿以及非法侵占的可能性(江海潮，2007)。

3. 政策协调功能

新兴产业是一个巨大的系统有机体，包含着技术生产者、供应商、客户、科研机构、政府、科技中介、金融机构等众多主体，这些主体之间既有竞争也有协作。政策的协调功能在于建立一种机制，促进创新体系内不同类型、不同层级主体的行为、目标的协同以及各种利益关系的平衡，以减少相互间摩擦、冲突及不合理竞争。通过建立大中小企业结构合理、产业链上下游协作配套的产业组织体系，推动资源共享，解决企业创新资源不足问题，真正形成合力推动自主创新。

(三) 战略性新兴产业双链融合政策作用的内涵

战略性新兴技术链和产业链的形成演进经历节点突破与技术链初成、技术竞争与主导技术链的确立、产业规模化与技术链优化等主要阶段，在不同阶段，政策发挥的功能存在差异，具体如下：

1. 节点突破与技术链初成阶段的政策作用

在早期，创新内容越是知识的、原理的、基础性的越是具有广泛性的通用性，非排他性及非竞争性就越高，就越具有公共产品性质，企业及其他市场主体会对投资研发十分谨慎。特别是在国外技术封锁与溢出阻断策略下，外部技术尤其是核心技术的获取变得越发艰难。在该阶段，政府的直接公共科技投入是十分必要的，政府可采取加大资助高校的基础性研究以增加对企业基础性知识的供给，资助国家实验室的定向研究以增强面向民用目标的技术溢出等措施。除利于形成各种新的技术储备外，此时的政府科技投入会达到最佳的公共效应和政策引导效果。除了直接投入外，政府政策还应努力识别主导技术的机会窗口，如政府介入谈判推动国外先进技术的转让、政府推动科研机构先进技术向自主创新企业的转移、政府支持与帮助企业实现技术获取型跨国并购等，为下一阶段中不同技术轨道竞争打下良好的基础。并配合间接财政手段，如通过税收优惠、补贴等形式影响企业研发和生产新产品的成本和收益，激励其创新动力。产学研合作关系以及企业与金融机构的关系也是该阶段政策的重点，前者旨在保证合作创新的质量，加快研发进度，后者有利于建构符合早期创新所需以风险投资为核心的金融体系保障。

2. 技术竞争与主导技术链的确立阶段的政策作用

技术链从理论上的完整走向了实务上的可行，还需要依附大量企业的应用工作，即通过相应的产业链完善来实现。此时，需要政府政策来引导有一定基础的企业进入该领域探索技术商业化应用的可能性，在这个过程中，积极推进企业间的合作，发展产业技术联盟，并辅之以开放而合理的知识产权协调机制。知识产权协调机制的作用在于：一是促进产业联盟的技术共享，加快产业技术体系的发展进程；二是鼓励企业及产业联盟以“技术专利化，专利标准化”工作参与国际技术竞争。只有拥有充分知识产权或者具有特定能力者才能进入交叉许可的战略性技术协议，才会在谈判中拥有发言权。我国还鲜有具有这种条件的主导企业，缺乏建立或进入平等协商机制的基础。根据有关国家的实践，政府主要是通过产业技术政策和竞争政策来影响市场主导的标准化过程，促进技术轨道的辅助构建，加快产业的稳定发展。特别值得注意的是，在技术发展阶段，会有多重并行标准持续存在引致资源大量浪费现象，不少政府会采取相应措施催化行业主导技术的加快形成。

3. 产业规模化与技术链优化阶段的政策作用

在该阶段中，在鼓励企业加大技术改造、支持企业从事新产品开发的同时，政府应组织与协调产业界进一步完善技术链，一是推动技术真正走向商用，需要发展一系列面向终端的补充性技术；二是为企业从事新一代的替代性技术的研发，实现产业核心技术的更替与升级打下基础。公平竞争市场秩序的营造和维护是这个阶段政策的重点，此时政策手段主要由直接资金投入、技术供给转向制度化建设，实现对企业行为以及产业发展的规范化管理。为了推进产业规模化，还应同步落实政府采购、贸易、税收优惠、用户补贴等系列产业创新政策。

二、发达国家推进战略性新兴产业双链融合的经验与启示

正如前文所述，全球各国都在积极布局发展战略性新兴产业，特别是美国、欧盟、日本等发达国家和地区凭借自身显著的先发优势和敏锐度采取了一系列具有借鉴意义的政策措施，力求抢占国际竞争的新制高点，实现经济振兴。

（一）美国的创新网络计划

以源源不断的创新为动力，是美国产业促进与发展的本质内涵。在此战略指导下形成的一系列鼓励创新的政策与制度安排，使美国始终扮演着全球新兴产业竞争引领者的角色。自2008年金融危机以来，美国在坚持通过科技创新引领产业发展战略的基础上，深刻反思实体经济与虚拟经济倒挂、过于依赖金融创新与信贷消费拉动经济增长等诸多问题后，提出了以复兴制造业为核心的“再工业化”战略思路，积极布局发展新兴产业，力图进一步巩固提升美国的创新能力，重塑其制造业竞争优势。2012年3月奥巴马宣布由联邦政府投资10亿美元成立国家制造业创新网络（National Network of Manufacturing Innovation），在全国范围内建设15个示范性的制造

业创新研究所，吸引产业、大学及各级政府投资，激发制造业创新，形成就业。2012 年 10 月，第一家包含 80 多家公司、9 个研究型大学、6 个社区学院以及 18 个非营利机构的创新研究所——国家增量制造业创新研究所（National Additive Manufacturing Innovation Institute）在俄亥俄州扬斯顿成立，标志着国家制造业创新网络计划走出了实质性的一步。美国创新模式的转变体现了政府、研究机构以及产业界在面对产业发展新趋势所做出的重大调整，其相关计划及实践安排具有较大启发性。

1. 产业化导向，提高创新技术的利用率

美国政府认为现有大量创新项目集中于基础性研究和技术应用的早期阶段，而产业投资又集中于后期研发和示范阶段，从技术创新走向产业化过程中存在断层，而制造业大规模外迁又造成本地产业链的断裂，损坏创新产生的制造基础。为了改变大量技术创新未产业化或非本地产业化的现状，创新网络计划旨在促进美国的发明、研究发现和创新想法走向制造的规模化，本土化。根据九级技术成熟表（Technology Readiness Levels），创新网络计划的服务技术对象聚焦在其中的 4 ~7 档，分别为“基础部件或原理样机在实验室试验”；“部件或部件级原理样机在相关环境下进行试验，试验逼真度明显提高”；“系统或子系统在相关环境下进行试验，技术成熟度显著提高”以及“系统样机在近似真实环境下进行验证”等。通过连接大学、研究机构和企业，突破关键制造技术、工艺、材料、设备等，以降低商业化成本，特别强调对中小企业科技成果的商业化价值评估和推广。

2. 开放度导向，提高企业和公众的参与度

为了切实推进创新技术的产业化，创新网络计划十分注重产业界以及其他公众的积极参与：一是通过研讨会和信息请求（Request for Information）等公开方式广泛征求产业和公众对技术选择及创新网络计划的实施建议。2012 年 4 ~10 月，分别在纽约、俄亥俄州、加利福尼亚以及科罗拉多开展了四次主题为“影响世界的设计”（Designing for Impact）研讨会。同年 5 月，美国先进制造国家项目办公室通过美国国家标准及技术研究所发布信息请求，围绕技术选择、创新研究所管理、可持续运营战略以及劳动力培训 4 个方面的 21 个问题征求公众建议。二是以产业、大学及政府共同出资

以公私合作方式强化产业需求导向。国家增量制造业创新研究所除获国防部、能源部、商务部、国家科学基金会（NSF）以及国防航空航天局（NASA）5个联邦机构的3000万元授权外，还获得产业以及州政府的配套投资3900万元。三是由独立的非营利性机构来负责管理创新研究所。出于知识产权、保密性、免税以及及时响应的考虑，创新网络计划倾向于独立的非营利机构而非大学来协调本地以及全国的产业合作伙伴。

3. 可持续导向，提高联邦投资的示范效益

创新网络计划对创新研究所提出了可持续发展的要求，在5~7年里，联邦政府对每个创新研究所的投入为7000万至1.2亿美元，之后创新研究所需要逐步过渡到自负盈亏。联邦政府投入方式根据不同创新研究所的特点和实际情况分别协商，但一般而言，前2~3年投入较大，主要通过启动经费、基础项目以及设备补助等形式，之后几年鼓励创新研究所积极寻求外部资助，或者通过会员费、服务收费、试制、知识产权使用费，非创新网络计划外联邦补助和奖励以及捐赠等方式实现生存。在初期投入后，联邦投入会根据创新研究所实际运行情况做出调整，并在后3~4年的投资中引入竞争性奖励项目，根据创新研究所绩效、技术质量以及产业参与度来进行分配，最大可能地发挥联邦投入的示范效应。政府资金以合作协议方式，而非合同或捐赠方式投入。

4. 网络化导向，提高全国创新系统的协同度

希望借由创新网络计划充分整合现有创新项目、创新资源以及相关职能机构，在全国范围内形成协调的创新系统。一是在网络领导委员会（Network Leadership Council）的指导下加强各创新研究所的交流与合作。15个创新研究所的具体目标存在差异，为了提高效率，创新网络计划成立网络领导会，辅之以共同性政策在各个创新研究所之间进行协调和资源整合，并鼓励创新研究所就知识产权保护、绩效管理、业务实践等进行交流。二是建设全国性的先进制造业门户网站，为广大企业提供可供检索的制造业资源数据库。三是创新各主体之间合作形式。大学、研发机构、企业在创新研究所中的合作方式有所创新，以人才培育为例，大学和社区学院会根据企业需求培养制造人才，并且会让企业直接参与相关技能的培训

课程，大学和社区学院承认相应学分。中小企业还会共享创新研究所中的设备（如3D机）、计算机辅助设计和仿真工具等。

（二）欧盟的领先市场计划

从20世纪90年代开始，欧盟就将造船、汽车、高技术制造、IT等作为战略产业重点发展，有效地促进了工业结构的调整和高科技产业的迅速崛起。进入21世纪后，欧盟进一步将低碳经济发展定义为新的工业革命，并采取了一系列强有力的推进措施。与以往各主要国家和地区单纯通过注重技术创新驱动产业增长的新兴产业扶持政策不同，欧盟非常重视从需求端加以引导，通过培育市场拉动新兴产业的快速发展。2006年由芬兰前总理埃斯科·阿霍等四位专家组成的研究团队撰写了一份名为《创造一个创新型欧盟》的报告。该报告指出，需求的不足已经成为欧盟研发和创新的障碍，与很多竞争者所处的市场相比，欧盟市场分散且缺乏活力。进一步地，在欧盟市场中，监督的分散、标准的复杂和公共采购的脱节使得市场规模难以形成，从而大大降低了创新产品和服务的回报率。为了加快新技术的商业化，欧盟需要建设一个创新友好的市场，基于认识，推出了领先市场计划，在这一报告的推动下，欧盟委员会于2007年推出了领先市场计划（The Lead Market Initiative）。

1. 潜在领先市场确定的五大标准

面对众多成员国和各国国内的各种产业、消费标准，欧盟推出领先市场计划，希望消除各国间的市场壁垒，加强需求的同质性，从而扩大市场规模。欧盟在选择产业进行领先市场建设时，主要提出了以下五个标准：一是市场需求具有很大的驱动作用，从消费者规模和需求程度来看，未来能够在欧洲乃至全球形成较强的市场影响力和较大的市场规模；二是市场兼具社会和经济利益，如公共健康，环境和气候的发展保护，促进安全或就业；三是能够通过集中、有针对性且灵活的政策来增加价值；四是丰富的市场细分，细分市场相对宽泛而不是仅针对单个商品，以利于形成产业基础；五是可以避免在该市场上挑选赢家，对参与竞争的企业具有普适性，而不是直接通过经济手段来改变重点产业中某些特定企业的财务状况或经营规模，能够确保公平、公开的竞争。

2. 选择六大领域作为首批试点

欧盟领先计划集中于对需求方面的开发，并不是基于特定技术的支持，因此所选择的市场相对宽泛。为了选择出适宜的产业，欧盟领先计划执行部门先后开展了两轮咨询和评估工作，第一轮评估主要是确定市场选择的方法，通过征求利益相关者、专家的意见明确选择标准，并初拟一个试点市场的范围。第二轮是深化对初拟试点市场的评估，以研讨会、专家咨询、问卷调查以及产业实地考察等方式分析、探讨各个试点市场的未来发展潜力和可能性规模（杨继明和吴家喜，2012）。在此基础上，确定了电子医疗（EHealth）、防护材料（Protective Textiles）、可持续建筑（Sustainable Construction）、循环利用（Recycling）、生物产品（Bio - based Products）和可再生能源（Renewable Energies）作为重点领域。总体而言，这六大市场在欧洲有较强的技术基础，而且对政策的依赖性也相对较强。

3. 采用了一揽子政策和工具

一是通过立法建议和监管措施促进创新，包括新立法计划和更改、修订及废除现有法律，以消除创新的监管负担和障碍，在欧盟范围内建立一套协调的有利于创新环境的管理制度。二是推广使用公共采购，通过政府采购推动创新产品的需求。在这个过程中，大力推进公共采购网络建设，利用网络实现信息共享，让公共服务机构能够更为科学地选择创新产品。三是建立从原料到成品整条产业链的规范、标志和认证步骤，充分利用制定标准的权力提升高新技术的效能，对标准的选择主要基于欧盟层次，同时避免对竞争性技术创新的排斥。为使得标准的形成能够更快、更有效率，计划执行者重组标准制定流程并注重评估方法的研究，如生命周期成本、最低耗能等。四是其他补充行动，如营造鼓励创新的文化氛围，利用媒体和其他手段来鼓励民众接受创新的产品和服务。还有加强供应商和用户之间的信息互动，提高市场透明度以及加强对创新的金融支持服务等。2008 ~2011 年，围绕上述六大市场，欧盟开展了大量行动，具体如表 9 - 1 所示。

表 9－1　欧盟领先市场计划的主要举措

	立法	公共采购	标准化	补充措施
电子医疗	①分析现有立法架构，尝试为电子医疗和远程医疗建立法律支持 ②强化个人信息保护 ③电子医疗安全保障 ④推进电子医疗保险卡 ⑤完善医疗报销制度 ⑥跨区域医疗服务	①建立公共采购网络和合作 ②辅助竞争创新项目（CIP）和欧盟第七科技框架计划的采购	①实现成员国之间的互动协议 ②在欧盟层面上建立标准 ③发布电子医疗申请认证的指南 ④成立专家小组来建立协调工作计划	①在竞争创新项目（CIP）下开展试点 ②推进电子医疗创新计分卡，监督进程 ③成员国间交流经验 ④资金支持
可持续建筑	①重审国家建筑法规 ②重设建筑能耗	①建立和试点奖励标准和生命周期成本 ②建立公共采购网络	①建立可持续评估的框架、评估方法和标杆 ②扩大建筑设计的欧洲规范范围	①促进小企业合作 ②强化施工保险 ③欧洲范围内提升建筑的能力
循环利用	①出台废弃物框架指令 ②修订相关废弃物指令 ③定义最终废弃物标准	①加强绿色公共采购 ②加强成员国经验交流 ③建立公共采购网络	强化标准知识	①提高资源利用率 ②强化原材料回收 ③鼓励可回收的研发 ④加强对可回收市场的认知
防护材料	采用新的规则	①建立防护材料购买者的信息和培训平台 ②建立公共采购网络	①支持小企业进行PPE的标准制定 ②为创新产品和市场建立一些非正式规则	①为产品和战略建立长期规划 ②建立知识库 ③鼓励发展集群，建立创新平台 ④加强知识产权保护 ⑤利用贸易协定，向发展中国家出口

续表

	立法	公共采购	标准化	补充措施
生物产品	①建立会员国和产业组成的咨询小组 ②分析立法和政策效果	①建立公共采购网络 ②鼓励绿色公共采购	①建立生物产品的新欧洲标准 ②评估生命周期成本 ③贴标并告知消费者	①利用媒体进行宣传 ②公众调研 ③绘制欧洲生物炼油厂 ④欧盟第七科技框架计划提供资金支持
可再生能源	①执行可再生能源指令 ②减少计划和认证壁垒 ③写入建筑规范	建立公共采购网络	①采取最低能耗标准 ②优先产品组的标志 ③寻找验证最低耗能的方法	①实施战略能源技术计划 ②资金支持 ③给中小企业宣传和指导，提供可再生能源前沿信息，提高劳动技能 ④全球范围内推动可再生能源需求

（三）日本的新一代汽车战略

新能源汽车产业是日本战略性新兴产业发展的重中之重，面对日趋严峻的能源形势和巨大的减排压力，日本政府意识到汽车产业必须解决环境污染、资源可再生问题。在“二战”后几十年的经济赶超中，日本政府形成了一套比较完善的扶持新兴产业发展的产业政策，持久全面的产业政策体系曾为日本传统汽车产业的发展提供了良好的环境，而这一点也在新能源汽车产业的发展上得到了延续（见图9-1）。

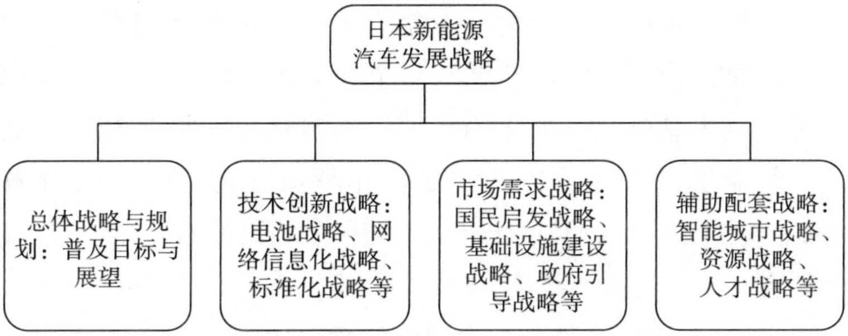

图9－1　日本新能源汽车发展战略体系

1. 新能源汽车发展战略持续近50年

日本政府对电动汽车的研发工作始于20世纪60年代中期，其标志是电动汽车首次列为国家级项目并出台"电动汽车的开发计划"，并先后多次投入巨额资金用于支持新能源汽车的研发工作，其中仅在燃料电池方面的创新投入就高达200多亿日元。20世纪90年代初，日本在"第三次电动汽车普及计划"中提出到20世纪末实现电动汽车年产量10万辆以及全社会保有量20万辆的设想。随后，日本政府又通过"新产业创新战略"提出大力发展燃料电池，并将其列为七大重点发展战略新兴产业之首（孙浩然，2011）。2010年，日本政府公布"新一代汽车战略2010"，提出了要将日本建成"新一代新能源汽车研发和生产基地"，提出了2020年将电动汽车与混合动力车等新一代汽车的比率提升至50%的目标。1965～2010年，在近50年的时间里日本新能源汽车产业发展战略所具有的持久性为产业发展提供了稳定良好的政策环境。

2. 围绕"双链"缔造全面系统的发展战略

技术链和产业链是日本新能源汽车发展战略建构的基础，在技术创新中，日本政府牢牢把握电池这一核心技术以及标准化这一核心环节，充分认识到新一代新能源汽车的网络化、系统化发展特征，积极创造汽车价值链新的附加价值。而在产业化过程中，日本政府积极导入市场需求并优化产业基础设施。考虑到该产业的发展是一个涉及国家能源、城市规划、电力系统等诸多方面的系统工程，日本政府并未局限于汽车链本身，而是将其放置到更大的产业层面缔造发展战略。例如，在辅助配套战略中同步推行智能城市战略，为了实现新能源与整个社会系统的对接，2010～2014年以智能城市试点为基础对交通运输系统、信息通信、城市开发、低碳生活方式等进行综合验证。为保障新能源汽车核心资源，日本政府积极推行“资源战略”，实行国外矿藏收购兼并、开发“脱稀有金属”新技术、资源回收利用等。

3. 官民协作建构新能源汽车产业国际竞争力

日本在促进产业发展方面建立起了一整套政府与企业协同促进的官民合作制度体系，对日本产业的技术自立与进步起到了巨大的推动作用。官民合作开发体制的要点是，由政府统一制定发展目标，政府科研机构针对共性技术开展研究，企业以市场为导向进行应用技术开发，大学着重基础研究与人才培养，同时通过一系列特殊专门机构的设置使其形成合力，共同促进日本产业的快速发展。在新能源汽车的发展中，官民协作也是主要手段。日本经济产业省所属的新能源产业技术综合开发机构（NEDO）成立了“All Japan”体制，由丰田、日产等5家汽车厂商、三洋电机、Gs Yuasa Corporation等多家电池企业及京都大学、东北大学等10家研究机构共同组成，对新一代锂电池关键技术进行攻关，共同实施2009年度“革新型蓄电池尖端科学基础研究专项”项目。而且为了提高本国新能源汽车的国际竞争力，日本政府与企业基于电动车/混合动力汽车示范区与智能城市的验证，积极推动制定新一代汽车中的信息系统标准及国际标准化。

（四）国外经验总结与启示

美国创新网络计划、欧盟领先市场计划以及日本新一代汽车战略是发达国家发展战略性新兴产业所推行产业政策的一个缩影，三者有着不同的侧重点（见图9－2），美国创新网络计划旨在通过强化科技成果的中试阶段提高科技创新技术的利用率和商业化程度；欧盟“领先市场计划”则是发挥政策在需求端的预测和引导作用，强调市场需求的有效培育；相比而言，日本新一代汽车战略是针对特定产业的产业政策体系，既针对技术创新，又有市场需求培育的战略安排，较为综合。

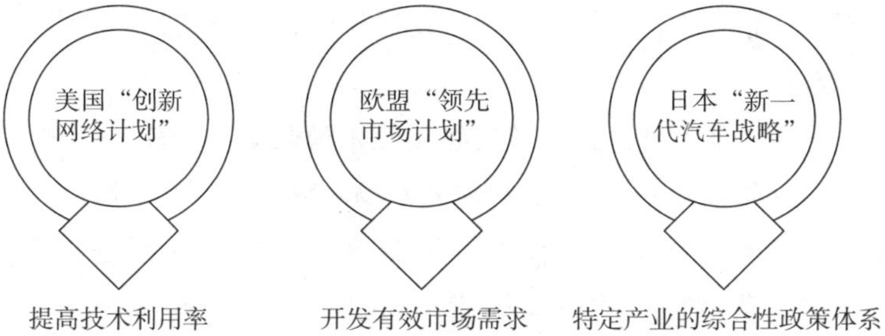

图 9-2　国外产业政策案例的侧重点

1. 注重产业政策系统性及各项政策的内在一致性

完备的政策体系是战略性新兴产业发展的保障，但政策体系不是政策工具的简单集合：一是需要有全局观，从国家战略的角度来思考战略性新兴产业发展的潜力、社会带动效应等，以明确战略性新兴产业发展目标。二是需要有“双链观”，剖析具体产业技术链和产业链的构成、明确产业技术发展路径与未来市场需求趋势，并结合区域的资源禀赋和产业基础，构建适宜战略性新兴产业发展的政策体系。与此同时，应注意一揽子政策下各项政策的内在一致性，欧盟领先市场计划将立法和标准化工作列为重点，这是因为如果没有相应的立法和标准界定，推行公共采购、消费者补贴等措施的效果就会大打折扣。同样，日本新一代汽车战略也是引入了智能城市战略、资源战略等辅助配套战略，力求政策工具间的相互支撑，以求发挥最大效应。

2. 注重产业政策的开放性，广泛调动产业资源

无论是技术链还是产业链都涉及众多的主体，因而产业政策的推出一定要具备开放性，能融合不同主体的差异化诉求以充分调动其积极性。美国创新网络计划在推出之前，通过研讨会和信息请求等众多公开方式征求产业和公众对技术选择及创新网络计划的实施建议，而欧盟“领先市场计划”也是针对产业界开展了两轮咨询和评估。广泛的沟通能够在更大范围内收集关于产业技术创新和商业化的信息，在产业和公共之间形成对于新兴产业发展前景的共识。而产业政策开放性还表现在让更多高校、科研院所和企业主动参与产业发展上，美国创新网络计划尽管是以国家增量制造业创新研究所为起点，但是预留了创新资源整合的巨大空间，通过成立网络领导会的方式来协调未来所成立的 15

个创新研究所。而在日本“新一代汽车战略”中，官民结合、产学研结合的互动效应更明显。

3. 注重产业政策的持久性，营造持续稳定的政策激励环境

战略性新兴发展是一个长期的过程，无论是技术链还是产业链缔造都需要投入大量精力。在这个过程中，产业政策的出台并不是一个挑选赢者的过程，而在于营造良好的市场环境，通过这个环境来激励企业产业主体承担起产业发展的重任。因而，政府应大力宣传战略性新兴产业政策的重要性以及持久性，加强对战略性新兴产业发展的长远产业布局，持续不断地、有针对性地进行资源投放。而对政策长远性的足够认识将有效减少受益者的投机行为，产业主体将更多开展战略性、长期性，而非功利性、短期性的投资行为，并将逐步减少对财政扶持政策的依赖。

三、我国既有战略性新兴产业政策重点及存在问题

（一）我国战略性新兴产业政策概览

“十二五”以来，我国陆续出台了一系列相关政策支持战略性新兴产业的发展，特别是自 2012 年下半年《十二五国家战略性新兴产业发展规划》颁布以后，政策密集度大幅提升，节能环保、生物、新材料、节能与新能源汽车、可再生能源、高端装备等各产业专项规划陆续发布，在此基础上，科技部发布国家宽带网、现代生物制造等 20 多个专项科技发展规划，工信部发布软件和信息服务、太阳能光伏等 11 个细分领域专题规划，国家发改委发布《战略性新兴产业重点产品和服务指导目录》、国家统计局发布《战略性新兴产业分类（2012）（试行）》，产业发展方向进一步明晰，同时各类配套政策密集出台进一步完善了产业发展环境，初步形成了

多层次、全覆盖的战略性新兴产业规划体系。

根据研究，技术创新政策大致可以分为三大类：一是为满足供给方要求而颁布的技术创新政策；二是为了解决需求方诉求的相关政策；三是旨在改变技术创新环境而出台的政策类别（Rothwell & Zegveld，1981）。沿着这一框架，我国的战略性新兴产业政策也可区分为技术供给型政策、市场需求型政策以及产业环境型政策三大类（见图9－3）。其中技术供给类政策主要从加大技术创新要素供给入手，通常包含推动产业关键技术研发、加强重点企业创新能力建设、实施重大产业创新发展工程等方面工作，市场需求类政策是指积极培育市场，通过政府采购、用户补贴、贸易政策、组织实施重大应用示范工程、支持市场拓展与商业模式创新，完善标准体系和市场准入制度等政策措施来引导市场需求，减少市场的不确定性；产业环境类政策表现为通过目标规划、金融支持、法规规范、产权保护以及税收优惠等方面为技术创新和产业发展提供有力的产业环境（薛澜等，2014）。

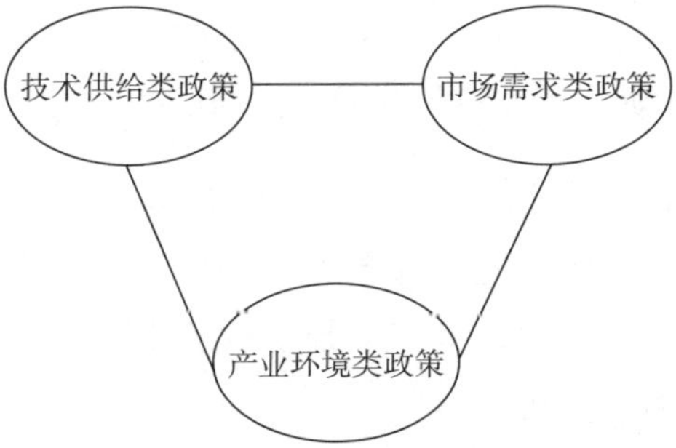

图9－3 战略性新兴产业政策类型

根据《中国战略性新兴产业发展报告（2014）》的统计，我国在“十二五”上半期对战略性新兴产业出台的产业政策中，环境类政策的数量最多，占政策总数的57%，供给类政策和需求类政策分别占22%和21%。其中，在环境类政策中，目标规划类政策数量最多，且以节能环保产业及新一代信息技术产业尤为突出。法规规范类政策次之，在节能环保产业、新材料产业中相关政策数量较多，出台了细分领域的准入条件，促进市场环境规范化。在技术供给类政策中，以技术支持类政策为主。此外还有大量政策以项目为依托来重点支持重大生产、研发及产业化、公共平台、示范应用项目，兼顾产业基地、配套设施建设等。在需求类政策中，以节能环保、新能源和新能源汽车产业中出台最多相关政策，用户补贴、应用示范以及价格指导是使用较多的政策工具，政府采购和贸易政策等相对较少。

根据《中国战略性新兴产业发展报告（2019）》的统计，我国在“十三五”上半期对战略性新兴产业出台的产业政策中，环境类政策的数量仍然最多，占政策总数的45%，供给类政策和需求类政策分别占43%和12%。其中，在环境类政策中，目标规划类政策数量最多，占环境型政策工具的57%，税收优惠政策工具、产权保护政策工具、金融支持工具、法规规范政策工具分别占13%、11%、10%和9%。在技术供给类政策中，公共服务政策工具占比最高，达到43%，其次为技术支持和人才培养政策工具，分别占32%、20%。在需求类政策中，应用示范政策工具占总数的83%，是各产业使用最为广泛的需求型政策工具，用户补贴、政府采购、贸易政策和价格指导政策工具相对较少。

（二）战略性新兴产业政策重点分析

由于不同产业的发展阶段、产业技术、市场导向性等各具特点，各产业领域政策的着力点有所不同，薛澜等（2014）从技术供给型政策、市场需求型政策以及产业环境型政策三个维度对“十二五”期间我国战略性新兴产业的政策进行逐一分析。

《中国战略性新兴产业发展报告（2019）》对“十三五”上半期政策重点进行了分析，如表9－2所示。

表9－2　主要战略性新兴产业的政策重点

战略性新兴产业	“十二五”上半期政策重点	“十三五”上半期政策重点
节能环保产业	技术支持政策为主，在环境政策中，目标规划数量较多，提出了循环经济发展及环保装备产业发展的具体目标和建筑、制造、工业节能等产业绿色发展的进度表。在需求类中，较多用户补贴和应用示范类政策	环境型政策、供给型政策较多，需求型政策仅占5%

续表

战略性新兴产业	"十二五"上半期政策重点	"十三五"上半期政策重点
新一代信息产业	以技术及资金支持为主，人才培养、公共服务政策较少，没有明显的需求政策支持	目标规划、公共服务是运用最为广泛的政策工具
生物产业	在技术政策支持较多，人才培养、公共服务政策缺失在环境层面，以重大专项科研项目规划居多。金融支持、产权保护等方面政策较少，需求政策较少	目标规划、公共服务、应用示范政策较多，需求型政策支持较少
高端装备产业	技术供给政策中，资金支持和公共服务的产业政策少，以目标规划、法律法规相关政策为主。需求方面主要有示范工程等相关项目	环境型政策工具最多，供给型政策次之，以目标规划、公共服务政策工具为主
新能源产业	以资金支持、技术支持为主推动产业技术发展，以细分产业的目标规划为主，同时辅以法规规范，为产业提供可持续发展的产业政策。在需求方面主要采用价格指导、应用示范、用户补贴等措施	供给型政策工具中，以技术支持和公共服务推动产业发展，以目标规划和法规规范推动环境优化，需求型政策较少，以应用示范为主
新材料产业	政策种类较少，主要集中于环境面的法规规范和目标规划。无需求型政策	政策工具较为均衡，各占1/3
新能源汽车产业	技术支持、公共服务、目标规划、用户补贴、应用示范有相应的政策支持，以需求侧推广应用示范及用户补贴的相关政策最为密集	需求型政策工具占比提高，主要政策工具包含公共服务、目标规划、法规规范、用户补贴、应用示范等
数字创意		环境型政策工具、需求型政策工具、供给型政策工具分别占59%、23%、18%

"十三五"期间，根据《中国战略性新兴产业发展报告（2019）》，三类政策工具在八大战略性新兴产业的分布如图9-4所示。对比"十二五"和"十三五"上半期政策工具可以发现，"十三五"期间供给型政策工具

比重显著上升，环境型政策工具、需求型政策工具比重下降。孙蕊和吴金希（2015）指出我国战略性新兴产业具有主体集中、聚焦创新、目标规划过溢和需求型政策明显不足等特征。

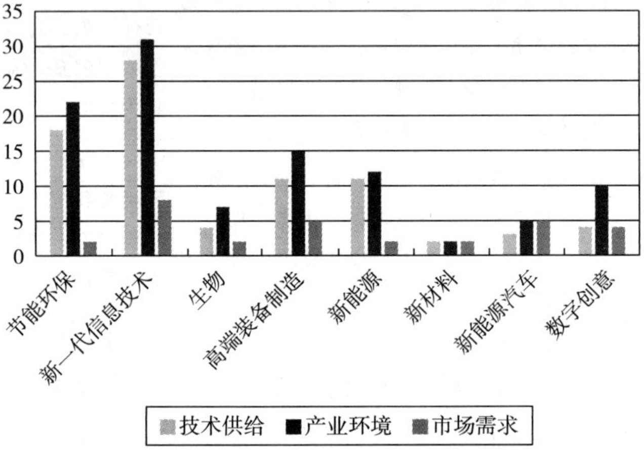

图 9－4　“十三五”八大战略性新兴产业政策工具

（三）既有战略性新兴产业政策存在的问题

在中央发布战略性新兴产业各类政策措施的同时，各地方政府也纷纷分布培育发展战略性新兴产业的指导文件。在这些政策引导下，我国战略性新兴产业规模显现、创新能力不断提升。对比国外经验，总体而言，我国既有战略性新兴产业政策还存在一些问题：

1. 政策系统性不足，未能全面看待战略性新兴产业对社会全局的影响

作为一种颠覆性创新，战略性新兴产业的作用并不局限于产业本身，它的发展会对整个社会及民众生活产生重大影响，因而产业发展将涉及相当多的内容，以新能源汽车发展为例，涉及国家战略、城市规划、电力系统、消费观念等诸多方面的系统工程，如果政策仅局限在生产方面，那么新能源汽车的产业化工作将难以有实质性的进展。而在目前的实践中，大量政策的重点恰恰集中在了产能规模扩张上，缺乏对产业发展所需配套环

节的政策重视，由于生产环节本身的技术含量低，市场进入难度小，导致大量企业纷纷涌入，短时间内产业因产能快速上升出现一种“虚假的繁荣”，其背后是配套短板的存在积压大量无法有效消化的产能，而届时再投入资源去解决这些短板问题则效果大打折扣。此外，由于缺乏战略性、系统性的思考，原本应是竞争秩序维护者的政府部门将政策主力点放在了中微观层面，“盲人摸象”，“头痛治头、脚痛医脚”，这种行为很容易对企业的自主决策和相应经济活动产生干扰，造成产业发展的更大混乱（冯晓琦和万军，2005）。为此产业政策必须要深入窥视战略性新兴产业对社会全局的重大影响，并以同步推进的理念来构建国家层面的顶层设计以及足够力度的一揽子计划与措施。

2. 政策创新性不足，未能突破传统产业思路灵活设计政策工具

在本轮战略性新兴产业发展中，一个重要的政策特征是既重视技术供给侧政策，又重视市场需求侧政策，但是无论是技术供给侧还是市场需求侧的政策，都存在创新性不足问题，较为明显地延续了传统的产业政策工具。如在技术突破环节，普遍存在企业创新动力不足，产学研合作效率不高、知识产权评估作价难以操作、科技成果转化机制不完善等问题，且仍然缺乏相应的政策工具加以“修正”。同样在市场需求端，常见的政策手段主要是公共采购、应用示范以及补贴消费者等，实际上战略性新兴产业发展中还涉及消费者新的消费习惯、理念的形成，如何帮助消费者更好地体验了解新型产品也需要相应的策略，还有短时间内如何以较低成本实现大量新型基础设施、配套服务的有效供应等也是一个全新的政策命题。未来还需要进一步综合利用各种政策工具，进行不同形式的创新政策组合（吕铁和贺俊，2013）。

3. 政策前瞻性不足，未能充分重视利于产业环境培养的基础性政策

战略性新兴产业要抓技术，也要抓市场，但更重要的是形成一种有利于创新、公平竞争的政策环境。战略性新兴产业的发展往往存在多种技术路径，未来这些路径中哪一个能够成为主导技术具有很强的模糊性。在这场竞争中，我国的产业技术和主导设计极有可能出现全面失利。面对这一潜在的重大风险，良好的产业环境是最为重要的技术储备体制，能够为再

一次的追赶提供可能性。而从目前来看，既有政策还太过注重立竿见影的效果，新兴产业扶持政策的战略性及相对的长期性没有得到应有重视，尽管扶持战略性新兴产业发展的政策在内容上已较为完备，如在大量政策规定里，加强人才激励、公共服务平台等基础性政策出现的频率很高，但是没有系统的分解措施和行动计划，政策就会成为空洞的条文。

4. 政策协调性不足，未能有效整合各部门以及各地区之间的资源

首先，在政策制定中，各部门之间因协调不畅，导致总体规划、专项规划并不系统，相互间难以统一，即使是同一项工作，也因政出多门而“支离破碎”。以创新资金政策为例，实际上，从基础研究到产业培育整个链条上都有相应的科技计划或专项资金支持，但是各计划分布在不同部门，资金的分配条块分割导致“基础研究不基础”、“应用研究不实用”、“产业开发开不出”（朱瑞博，2010）。其次，这种分割还体现在中央和地方之间，地方政府在产业规划中普遍存在两种做法，一是为了维持原有的高增长，将当地传统优势产业纳入战略性新兴产业规划，“换汤不换药”；二是为了更多获得中央资源，不顾本地产业基础而盲目选择，带来大量重复建设。正如纪建强和黄朝峰（2014）所指出的“全国八成以上的地市级行政区选择新能源产业为本地大力发展的战略性新兴产业之一，此外同时选择新材料产业的地市级行政区约占七成，即使是布局最少的新能源汽车产业占比也达到总地区数的1/5”。

四、战略性新兴产业双链融合政策优化的总体构想

鉴于战略性新兴产业自身独特的发展规律、产业特征以及我国现有的产业基础，有关战略性新兴产业政策必须跳出传统产业政策的“思想桎梏”，否则不仅无法修正“市场失灵”，反而会带来“政府失灵”。针对既有战略性新兴产业政策存在的问题，未来可从以下几个方面加以优化。

（一）技术创新：从树立标杆到形成体系

以往技术政策有较为明显的"选优"导向，技术基础较好的科研院所、企业往往能够获得大量的资源，随着创新组织的生态化、核心知识的分散化以及知识产权竞争的"丛林化"，这种非均衡竞争的政策思路体现出了局限性（吕铁和贺俊，2012）。技术政策并不是一个人为挑选"胜者"的过程，更需要政府通过政策发挥协调功能，推动各类创新主体的通力合作，真正形成技术创新的动态支撑体系。为此，一是优化高校、科研院所的学术研究机制，通过推动产学研合作，加强基础研究对新兴产业的支撑作用。在该体系中，企业在技术领域的战略部署和项目组织能力是核心，政府更多是鼓励引导应用型、面向产业的科研院所和高校围绕企业转，想企业所想，解企业所困，而不是对基础研究不断施加商业化激励和产业化研究任务（吕铁等，2014）。二是推动基于技术链支撑的产业链整合，完善共性技术开发机制，充分调动龙头企业、产业联盟、公共技术平台的创新积极性、依托功能完善、广泛参与，突破关键技术，形成架构规则，实现技术链对产业链应有的支撑功能。三是加快科技创新服务体系建设，促进技术成果的良性流动以及各类创新资本与技术提供主体之间的良好对接。

（二）市场培育：从出口导向到内外并举

从各国促进战略性新兴产业发展的政策实践来看，完善的需求端政策是实现市场培育和拓展、技术进步、产业发展的重要手段。近年来，我国促进战略性新兴产业发展的政策体系日趋完善，对作用于最终用户的市场拉动政策也进行了很多有益探索。但总体而言，以支持企业生产为主的政策思路没有改变，且在市场方面也以国外应用为主，这也在客观上造成了以光伏产业为代表的部分战略性新兴产业出现产能过剩、遭遇国外贸易摩擦等问题。尽管国外高端市场有利于企业直接接入实验性消费者和关键创新资源，但是本地市场也是一个国家建立并控制全球产业价值链不可忽视的关键性资源。相比国外市场，本地市场更容易形成对终端客户的控制力，而这种控制力所产生的收益将是研发投入最为直接和有效的补偿。未来政策在把握国外市场的同时，应进一步注重战略性新兴产业的国内拓展，特别是一些潜力消费极强、带动效应明显的产业，如生物医药、节能环保、新能源汽车，更应值得重视。

（三）产业组织：从促进集中到培育生态

传统产业的组织政策在制订中存在一种认识误区，认为企业技术创新能力和意愿与企业规模有着正向关系，即企业规模越大，创新能力越强，也更愿意创新。在这种思想的指引下，产业组织政策的重点集中在了提高市场集中度、做大企业规模上。路风和封凯栋（2005）将这一现象解释为"政府部门编织的规模神话，其用意在于掩盖政策失误和被扶持大企业的无能"。不可否认核心或龙头企业对于产业的影响力更为明显，但是小企业的创新能力不能被忽视，更不能因为要扶持大企业而被剥夺生存空间，因为大企业并不是产业竞争力的唯一载体，其最终是产业创新系统的整体实力和质量决定产业的生命力（黄群慧和贺俊，2013）。为此，战略性新兴产业政策资源配置的重点应该从促进产业集中转向培育生态，犹如在生物生态系统中。形成的不同规模、不同层次主体共存，特别是给予具有独特技术优势的高技术创业企业和小微企业生存发展空间，并充分发挥其创新功能。

（四）空间布局：从投资激励到区域协调

战略性新兴产业在区域间的平衡布局关乎国家经济发展、产业安全以及全社会的稳定。在以往发展中，地方政府有着强烈的做大经济规模的积极性，在投资上出现"潮涌现象"，导致出现大量产业产能过剩和要素价格扭曲现象。各地政府规划部署战略性新兴产业的热潮一浪高过一浪，对于尚处于成长萌芽期的战略性新兴产业，生产型投资是必要的，但是如果过于强调就会适得其反，为此，对于战略性新兴产业的投资必须还要强调多样性、探索式的创新性投资（Geroski，2003）。为促使新兴产业区域均衡发展，防止区域差异过大或重复建设引导大量浪费，政府必须采取有效的产业政策，引导产业合理布局，鼓励区域间错位发展和多元创新，保障区域产业协调发展。为此，一是依照产业链不同环节的技术要求、能耗要求和生产特点，遵照区域比较优势原则，在中国广阔的腹地进行产业的梯度转移。二是重视区域内市场壁垒的消除、加强全国层面市场资源的有效整合。目前，不少地方政府的本土市场封锁行为影响了市场在全国资源配置中的决定性作用，增大了经济市场市场化的成本（王枫云，2002）。

第十章

我国战略性新兴产业双链融合发展的对策建议

为了加快发展我国战略性新兴产业，促进双链融合，本书认为需要从技术体系、企业梯度、消费市场培育及发展环境优化等方面加以实施。

一、战略性新兴产业技术体系培育策略

（一）把握科技趋势，突破新兴技术

一是以未来前沿技术为研发重点，根据全球新兴产业和新兴技术的总体发展趋势，制定未来技术研发路线图，致力于战略性新兴产业前瞻性、战略性技术的研究与开发。二是加大基础研究的投入力度，继续组织实施重大科学研究计划，组织多学科交叉集成的科研团队对具有重大科学意义的基础研究课题开展研究。三是加强国家实验室、国家重点实验室、国家重大科技基础设施和大科学工程等基础研究创新基地，重点培育一批研究型大学和研究所。同时，加强重大科技基础设施特别是多学科实验装置的建设，促进学科交叉融合与重大科技创新突破。四是制定技术标准战略计划，加强技术标准战略导向与投入力度，加快在基础技术与战略专利方面的知识产权战略布局，鼓励有自主创新成果的企业加快建设企业标准以及

产业标准，并且以专利联盟的方式积极参与国际标准的申请与竞争。

（二）推进工程集成，转化科技成果

一是借助大型企业技术整合力量，对相关技术进行集成，推动科技成果转化。鼓励大型企业成立研究院，设立工程集成专门部门，以系统化产品生产为目标，对企业内外部技术资源进行整合，为企业的工程集成服务。二是发展一批专业化工程集成机构，通过集成创新，构建技术到产品"多对一"转化通道。着力培育工程集成机构的五种能力，使之在整合技术资源方面发挥作用：①产品架构设计能力，包括形成产品概念，甄选或建立技术标准，选择目标市场和制定行业的长期发展规划；②编制和管理各类合同的能力，其目的是形成排他性的联盟，协调和分配利益，保证联盟的稳定性；③相关技术整合和短板技术突破能力，包括根据复杂产品系统的特点选择技术和工艺提供者，组织对连接性技术的突破；④实施工程化实验的能力，包括寻找工程化实验的场所和搜集掌握实验数据；⑤进行产品商业宣传的能力，包括组织宣传活动和培育品牌。

（三）完善创新系统，推广共性技术

一是创新工研院事业法人机制，减少政府、高校干扰，实现工研院由"政府推动、高校主导"向"独立运转、服务企业"的转型。工研院应致力于低成本、集成化、网络化和智能化的共性技术研究开发，并结合设备推广和工程管理服务推广实现共性技术的突破和推广。工研院的运转以公益性为原则，同时要配合相应的激励政策，研究内容的选择应采用"立项＋自发"相结合的形式，完成政府下达的研究任务的同时根据研究能力和市场需求自行选择研究方向。研究成果由政府定向购买并进行非营利性推广，研究人员获得政府给予的经济奖励和精神奖励，并在技术推广中获得分红。二是协调、整合科研院所资源，鼓励和引导战略性新兴产业领域的企业共同建立产业共性技术研究院和实体性产业（技术）联盟，完善资金来源、平台建设及运行机制，部署战略性新兴产业的共性技术和前沿技术跟踪及研究。三是加强关键共性技术研究成果的产业推广，充分调动行业协会、中介机构的积极性和作用，实现共性技术在行业内的广泛消化，进而提升产业整体创新水平。

二、战略性新兴产业企业梯度培育策略

（一）加强政策引导，形成龙头企业带动

一是编写新兴产业国内外主要研发和制造企业名录，结合我国对接全球战略性新兴产业技术、人才和产业的重要窗口的定位要求，不断提高新兴产业在引进外资中的比重。二是推动大型企业向新兴产业领域转型，特别是加强对国有大型企业的引导，对于重大转型项目给予政策支持。同样，做好对各类企业在新兴产业投资项目上的配套工作，这涉及税收、基建、人才、用地、物流等多个方面。三是不断强化大型企业的行业引领能力，使其具备稳健的现金流和财务能力、具备现代公司治理结构、依靠创新实现企业增长，拥有规模化产量、高市场占有率、优势品牌，注重环保和社会责任。四是鼓励具有行业领军实力的大型企业或企业集团融入新兴产业国际分工体系，参与国际高端市场竞争。

（二）优化服务环境，推动中小企业成长

一是组建战略性新兴产业中小企业综合服务机构，针对中小企业的需求，汇总各类专业信息，帮助中小企业有效对接政府、商业机构和各类社会组织。二是鉴于中小企业数量多、分布广，应鼓励协会、商会和研究会等各类组织通过联合、组团等方式规模化、组织化地开展中小企业服务工作，促进实现中小企业服务资源的统一配置。并广泛利用各领域专家、加强对中小企业的智力支持，克服其内部人才不足问题。三是多类别开展针对中小企业的服务项目，如区分为公益性服务、商业性公共服务和商业性

个体服务等，其中公益性公共服务政府采购、商业性公共服务采取政府补助和中小企业收费相结合方式运营，商业性个体服务则按照市场化定价，适当分工满足不同中小企业的需求以及实现不同层面的政策功能（罗仲伟等，2012）。

（三）促进知识聚集，繁荣创业企业

一是以园区为依托，促进知识和企业家的聚集。以各类专业园区为基础，促进企业集聚发展，共享园区基础设施和各类公共平台。二是重视高新技术创业和微型企业发展，重点培育“种子型企业”。新设立企业和微型企业虽然在规模上比不上大型企业和中小型企业，难以生产整机和成套产品，但是掌握特定关键领域的技术、工艺，能够为产业发展提供短板技术、生产关键零部件、完成特殊制造工艺。这些企业如同“种子”，在行业中比重较低，但起着关键和发源的作用。可在各新兴产业密集的工业园区应成立创业促进处，为新设立企业和微型企业的发展服务。三是鼓励科技人员的创业活动，成立专门小额贷款基金缓解项目启动时资金短缺的问题，开设绿色通道为技术创业人员提供一条龙服务。

（四）激活产业联盟，实现产业联动

一是产业联盟要有实体型机构，制定并严格执行联盟章程，保证联盟的独立利益，理顺体制机制，充分调动联盟在促进产业链合作、争取政策支持、保障产品质量、规范市场竞争、推动专利共享、发展自主技术标准等方面的积极性，促进产业内外相关主体的联动。二是产业联盟的会员组织采取“行业领袖+广泛参与”的形式。核心成员必须是掌握并能够不断改善核心技术的企业或机构，对产业发展起到引领作用；同时，广泛吸收满足条件的相关企业、研究院所、高校，推动各种主体在产业链上的合作与分工。三是产业联盟要具有发展性。在技术研发方面，联盟要督促会员坚持既定技术路线，不断提高联盟标准的市场占有率；在生产组织方面，要不断协助联盟企业降低生产成本、提高生产效率；在市场开拓方面，要通过设立信息中心、共建销售渠道不断扩大联盟产品销量。四是做好联盟

与企业的对接工作。通过召开会议和举办宣传活动，帮助企业了解联盟作用和运转机制，提高企业加入联盟的积极性，增进联盟组织与企业之间的相互了解，协助企业加入联盟组织。五是联盟要具有开放性。一方面吸引国外跨国公司加入，提高联盟的国际化程度；另一方面促进各新兴产业联盟组织与国外相关联盟接触，在技术研发、专利共享、市场开拓等方面开展广泛合作。

三、战略性新兴产业消费市场培育策略

（一）加快应用示范，培育新兴市场

一是结合“先行示范区”定位，形成战略性新兴产业公共产品“大产业、大平台、大营销”的销售局面。大产业是指以八大战略性新兴产业为基础，大平台是指推动示范工程的建设，集中展示重点战略性新兴产业产品的平台；大营销是指构建新兴产业公共产品采购网络，重点打造两个市场，即实体性的政府采购接待中心和网上超市。二是对首次引进新型装备、设备的单位和购买新产品的个人进行财政补贴，打开资本类产品销售局面。三是在重点区域建设体验设施，向普通消费者宣传新产品、新技术，引起全社会对战略性新兴产业发展的关注。可以考虑采取的形式有：在现有各类博物馆中设计相关新兴产业的参观项目、多家企业联合建设行业展示中心、企业自建体验中心等。

（二）创新商业模式，推动市场增长

一是打造和控制新兴产业产品销售关键平台。绝大多数新产品都可以在传统产品的实体商店销售，但是，某些新兴产品采用了全新的产品架构设计，满足全新的需求，传统实体商店难以满足产品展示和销售的要求，

如新能源装备产品的销售就需要创新实体商店形式。同时，网络营销已经成为当前发展最为迅速的商业模式，也是众多新兴产品上市的重要渠道。二是促进新兴产业的客户服务体系建设。新技术实现大规模产业化的一个必要条件是稳定的产品质量，而产品质量的稳定和提高需要质量标准体系的完善，产品标准的制定和推广也有助于消费者获得满意的售后服务。以质量标准为基础，新兴产业客服网络由企业自建网络和第三方专业服务商共同构成。三是创立培育新兴产业品牌体系。一些传统产品虽然销售量下降，但其品牌历史悠久，社会认知度高，在国内外市场具有相当高的知名度，以这些知名品牌为基础，实施品牌再造，将再造后的品牌用于新产品上市，使老品牌获得持久竞争力，加快新产品被消费者接受的过程。同时，一些新兴行业领域需要创造新的品牌，应根据新产品的特征和目标用户群体的习惯，打造和培育一批新品牌。

（三）把握海外市场，形成高端引领

一是指导企业建立有序高效的全球化销售网络，培育和发展海外代理商，为全球用户提供全方位营销服务。生产资本品的企业可逐步建立海外组装工厂和商务代表处，与国外组装企业和销售公司建立信息通道和进出口协调机制；生产消费品的企业要跟踪国际市场消费动向，运用柔性生产技术使生产系统能快速适应市场需求的变化。二是设立战略性新兴产业海外资讯中心。中心为实体性机构，实时接收来自欧美等主要高端市场发送回来的产品质量投诉和问题咨询，专业市场分析人员对信息进行分类、汇总后将结果回馈给新兴产业政府管理部门、科研机构和高校、行业协会、联盟组织和企业。三是定期举办针对市场变化和质量问题的全球电话会议，组织相关企业人员和分布于北美、欧洲国家的销售代理共同探讨新兴产业市场需求变化方向以及新出现的质量问题，及时解决客户提出的问题。

（四）强化制度建设，改善消费环境

消费环境是影响消费行为的重要因素，通过消费环境地改善，可以起

到扩大消费需求、保护合法企业和促进产业发展的作用。改善消费环境对电子信息、生物农业、节能环保、新能源汽车等与最终消费需求相关性较大的战略性新兴产业发展具有促进作用。例如，改善绿色产品消费环境可促进消费的重点由高能耗、高污染的产品向环保型、低能耗产品转移，促使全社会形成改善绿色产品消费环境→促进绿色消费需求→推动绿色产业生产→提供更多更高质量的绿色消费品的产业发展良性循环。一是加快推进相关产品认证，建立产品标识认证体系，让公众了解创新产品相对传统产品的优越性。二是完善消费信用体系，发展消费信贷。三是加强产品打假活动，大幅提高制售假冒伪劣产品及冒用产品标识、认证标志等行为的违法成本，保护企业的合法利益。

四、战略性新兴产业发展环境优化策略

（一）重视基础专利，加强知识保护

一是鼓励知识产权的创造、保护和运用，依据战略性新兴产业技术创新战略和技术路线图，加强专利获取与布局的谋划。在对技术创新发展态势分析的基础上，积极配置资源，引导重点领域形成基础性专利，建立有利于实现重点产业技术创新目标的专利池和知识产权支撑系统。二是构建知识产权专题信息库和基础数据库，定期发布战略性新兴产业领域知识产权动态信息及知识产权报告。三是建立和完善企业和政府知识产权管理部门之间的双向交流反馈渠道，针对战略性新兴产业发展带来的知识产权新类别的出现，及时跟踪、拓展保护范围和权力谱系。四是完善和推进以政府为主导，企业、产业（技术）联盟等行业组织、研究机构和驻外相关机构等共同参与的海外知识产权保护服务网络，在企业开拓国际市场、海外知识产权申请和保护、应对国际知识产权纠纷、促进国内国际标准制定等

方面充分发挥协调作用。

（二）构建服务体系，促进技术流动

一是构建战略性新兴产业服务平台，整合各类战略性新兴技术、风险投资、商业与政策信息等，为相关参与者提供全方位服务。二是推动境内外创业投资基金和创业投资企业的设立与发展。鼓励和引导国家大学科技园、科技企业孵化基地、生产力促进中心等各类创新服务机构的发展，完善创业孵化机制和创业金融服务体系。三是强化对战略性新兴产业的技术交易、转移与合作的支持力度，继续推进技术交易所建设，完善技术交易平台及服务体系。搭建标准创新和检测认证公共服务平台，引导各地战略性新兴产业的标准先行。

（三）提升园区品质，改善投资环境

在产业园内，配套循环经济设施、孵化器、公共服务机构和生活设施，完善产业发展的硬环境与软环境，使产业集聚平台由单一的生产制造功能向综合研究开发、技术转换、投资融资、人才培养、生产制造、销售服务复合功能转型。一是鼓励各产业园区在开发主体、开发方式及配套服务上进行改革和完善，推动优惠政策在其他各园区的落实，促进人才、资金、技术等创新资源向各大园区集聚。二是完善各类科技园区和高新区基础设施，提升服务水平，强化其对战略性新兴产业发展的载体功能，实施相对较低成本的企业进园政策。三是设立产业园区开发专项建设基金，对产业园区内基础设施项目的贷款提供财政贴息扶持等政策，并对园区内涉及的战略性新兴产业领域的相关企业提供包括融资政策、科技创新政策和人才管理政策等全方位、全过程的支持和服务。四是在强化工业用地集约开发利用的同时，加大对战略性新兴产业园区建设用地的支持，在建设用地审批制度、用地计划指标和程序简化上进一步改革和完善。针对战略性新兴产业重大项目，可以探讨用税收抵扣企业对土地的成本投入，解决土地成本较高给企业发展带来的压力。

（四）吸引精英人才，释放创新活力

一是加大高层次创新创业人才引进和培育力度，完善物质性和非物质性激励机制，对涉及户籍、子女就学、购房等迫切需要解决的现实问题给予政策支持。二是探索建立市场化引才荐才长效机制，让猎头公司、风投机构、企业冲在引才第一线，把引进人才识别过程变成企业、资本与人才对接的过程。三是探索建立适应战略性新兴产业发展所需的精英式产业技术工人培养制度，构建院校与企业之间高技能人才的培养平台，通过校企合作、产学结合、半工半读、定向培养形成能够支撑产业高端发展的一大批知识型员工。四是探索一体化、便利化、数字化的人才服务机制，全面提高人才服务的效率和质量。

参考文献

[1] Arthur B . The nature of technology [M] . Free Press, 2009.

[2] Arvanitis S, Ursina Kubli, Martin Woerter. University industry knowledge and Technology transfer in Switzerland: What university scientists think about Cooperation with private enterprises [J] . Research Policy, 2008 (37) .

[3] Baker W E, Sinkula J M. The complement and orientation on profitability in small business [J] . Journal of Small Business Management, 2009, 47 (40) .

[4] Bathelt H, Malmberg A. And Maskell P. Clusters and knowledge: Local buzz, global pipelines and the process of knowledge creation [J] . Druid Working Papers, 2004, 28 (1): 31 -56.

[5] Baylis R, Connell L, Flynn A. Company size, environmental regulation and ecological modernization: Further analysis at the level of the firm [J] . Business strategy and the environment, 1998 (7) : 285 -296.

[6] Birgit Aschhoff, Wolfgang Sofka. Innovation on demand—can public procurement drive market success of innovations? [J] . Research Policy, 2009, 38 (8) : 1235 -1247.

[7] Blinder A S. Off - shoring: The next industrial revolution? [J] . Foreign Affairs, 2006, 85 (1) : 113 -128.

[8] Brusoni S, Prencipe A. Unpacking the black box of modularity: Technologies, products and organizations [J] . Industrial and Corporate Change, 2001 (46) .

[9] Castells M. The informational city: Information technology, economic restructuring, and the urban – regional progress [M] . Blackwell. Oxford UK & Cambridge USA, 1989.

[10] Christensen C M, Joseph L Bower. Customer power, strategic investment, and the failure of leading firms [J] . Strategic Management Journal, 1996 (17) .

[11] Covin J G. Entrepreneurial versus conservative firms A comparison of strategies and performance [M] //Jour Drucker P, The Practice of Management. Harper Collins US, 1954.

[12] Ellison G, Glaeser E L, Kerr W R Kerr. What causes industry agglomeration? Evidence from coagglomeration patterns [J] . American Economic Review, 2010, 100 (3): 1195 – 1213.

[13] Geroski P. The evolution of new markets [M] . Oxford University Press, 2003.

[14] Glaister K W, Buckley P J. Task – related and partner – related selection criteria in UK international joint venture [J] . British Academy Management, 1997 (8) : 199 – 222.

[15] Gort M, Steven Klepper. Time paths in the diffusion of product innovations [J] . Economic Journal, 1982.

[16] Green A, Matthias A. Non – governmental organizations and health in developing countries [M] . London: Macmillan Press Ltd. , 1997: 67.

[17] Hamilton W. Corporate strategies for managing emerging technologies [J] . Technology in Society, 1985 (7) .

[18] Hansen B E. Sample Splitting and Threshold Estimation [J] . Econometrica, 2000, 68 (3): 575 – 603.

[19] Henderson J, Dicken P, Hess M, Coe N, H. Y – C. Yeung. Global production networks and the analysis of economic development [J] . Review of International Political Economy, 2002 (9) .

[20] Iansiti M, Levien R. Strategy as ecology [J] . Harvard Business

Review, 2004 (3) .

[21] Kohli A K, Jaworski B J. Market orientation: The construct, research propositions, and managerial implications [J] . Journal of Marketing, 1990, 54 (4) .

[22] McKee. An organizational learning approach to product innovation [J] . Journal of Product Innovation Management, 1992 (9) .

[23] Miguel, Paulo Augusto Canchick. Modularity in product development: A literature review towards a research agenda [J] . Product: Management & Development, 2005, 3 (2) .

[24] Moore J F. The death of competition: Leadership & Strategy in the age of business ecosystems [M] . New York: Harper Business, 1996.

[25] Motohashi Kazuyuki. University – industry coilabomtions in Japan: The role of new technology – based firms in transforming the national hmovation system [J] . Research Policy, 2005, 34 (5): 583 –594.

[26] Newell S, Scarbrouch H, Swan J, Hislop D. Intranets and knowledge management: De – centered technologies and the limits of technological discourse [M] //Prichard C, Hull R, Chumer M Willmott H. (Eds) Managing knowledge: Critical investigations of work and learning, London: McMillan Business, 2002.

[27] Ottum B D W L, Moore. The role of market information in new product success/failure [J] . Journal of Product Innovation Management, 1997 (14) .

[28] Pappas N, Sheehan P. The new manufacturing: Linkages between production and services ativities [M] //P. Sheehan and G. Tegart (eds.), Working for the Future: Technology and Employment in the Global Knowledge Economy. Victoria University Press, Melbourne, 1998.

[29] Perez C. The double bubble at the turn of the century: Technological roots and structural implications [J] . Cambrige Journal of Economics, 2009, 33 (4): 779 –805

[30] Porter M E. Competitive advantage [M]. Free Press, 1985.

[31] Ramus C A, U Steger. The roles of supervisory support behaviors and environmental policy in employee "ecoinitiatives" at leadingg - edge European companies [J]. Academy of Management Journal, 2000, 43 (4): 605 - 626.

[32] Rothwell R, Walter Zegveld. Industrial innovation and public policy: Preparing for the 1980s and the 1990s [M]. London: Pinter, 1981.

[33] Siegel D S, Waldman D A, Atwater L E, et al. Commercial knowledge transfers from universities to firms: Improving the effectiveness of university industry collaboration [J]. Technology Management Research, 2003a, 14 (1): 111 - 133.

[34] Simonin L B. Transfer of marketing know - how in international strategic alliances: An empirical investigation of the role and antecedents of knowledge ambiguity [J]. Journal of International Business Studies, 1999 (3).

[35] Stevens and Graham. Integrating the supply chain [J]. International Journal of Physical Distributio and Material Management, 1989 (8).

[36] Stigler G J. The division of labor is limited by the extent of the market [J]. Journal of political Economy, 1951 (59).

[37] Suárez F F, Utterback J M. Dominant designs and the survival of firms [J]. Strategic Management Journal, 1995 (16).

[38] Sweden. The managerial equation and innovation platforms: The case of linkoping and berzelius science park [J]. European Planning Studies, 2017, 15 (8): 1027 - 1042.

[39] Thomas G, et al. Managing innovation fields in a cross - industry exploratory partnership with C - K design theory [J]. Journal of Product Innovation Management, 2010, 27 (6): 883 - 896.

[40] Utterback J M, N Abernathy. A dynamical model of process and product innovation [J]. Omega, 1975, 3 (6).

[41] Vernon R. International investment and international trade in the

product cycle［J］. The Quarterly Journal of Economics, 1966（80）.

［42］von Hippel E. Lead users: Asource of novel product concepts［J］. Management Science, 1986（32）.

［43］白春礼. 科技体制改革是全面深化改革的重要任务［J］. 中国科学院院刊，2014，29（1）：13－16.

［44］白俊红，蒋伏心. 协同创新、空间关联与区域创新绩效［J］. 经济研究，2015，50（7）：174－187.

［45］曹亮，席艳乐，王贺光. 产品内分工理论研究新进展［J］. 经济学动态，2008（12）：100－106.

［46］曹亮，汪海粟，陈硕颖. 论模块化生产网络的二重性——兼论其对中国企业的影响［J］. 中国工业经济，2008（10）.

［47］曹霞，张路蓬. 金融支持对技术创新的直接影响及空间溢出效应——基于中国2003～2013年省际空间面板杜宾模型［J］. 管理评论，2017，29（7）：36－45.

［48］曹湛，彭震伟. 全球城市与全球城市—区域“属性与网络”的关联性——以上海和长三角为例［J］. 经济地理，2017，37（5）：1－11.

［49］常爱华，王希良，梁经纬，柳洲. 价值链、创新链与创新服务链——基于服务视角的科技中介系统的理论框架［J］. 科学管理研究，2011，29（2）：30－34.

［50］陈恒，李文硕. 全球化时代的中心城市转型及其路径［J］. 中国社会科学，2017（12）：72－93，206－207.

［51］陈继勇，周琪. 新兴技术产业化演进及其对中国战略性新兴产业发展的启示［J］. 湖北社会科学，2012（11）.

［52］陈力，鲁若愚. 企业知识整合研究［J］. 科研管理，2003（3）.

［53］陈立勇. 产业技术创新战略联盟知识治理研究［D］. 湖南大学，2012.

［54］邓洲. 国内光伏应用市场存在的问题、障碍和发展前景［J］. 中国能源，2013（1）.

［55］杜龙政，汪延明，李石. 产业链治理架构及其基本模式研究

[J]．中国工业经济，2010（3）．

[56] 杜鹏，万后芬．市场导向、质量导向与企业绩效关系的研究[J]．中大管理研究，2008，3（1）．

[57] 杜义飞．基于价值创造与分配的产业价值链研究[D]．电子科技大学，2005.

[58] 方红．技术产业化的运行机制研究[D]．湖南大学，2010.

[59] 方慧敏．高新技术产业化的动力机制研究[D]．华中科技大学，2008（8）．

[60] 方荣贵，银路，王敏．新兴技术向战略性新兴产业演化中政府政策分析[J]．技术经济，2010，29（12）：1－6.

[61] 费钟琳，魏巍．扶持战略性新兴产业的政府政策——基于产业生命周期的考量[J]．科技进步与对策，2013，30（3）：104－107.

[62] 封凯栋．源头性技术创新与国家创新系统[J]．中国科技论坛，2013（3）：5－10.

[63] 冯晓琦，万军．中国转轨时期的产业政策与竞争政策[J]．经济问题，2005（7）．

[64] 弗里德里希·李斯特．政治经济学的国民体系[M]．北京：商务印书馆，1981.

[65] 付睿臣，刘洋．基于信息能力的企业信息化对创新能力影响机理研究[J]．科学管理研究，2012（6）．

[66] 高建，魏平．新兴技术的特性与企业的技术选择[J]．科研管理，2007（1）：47－52.

[67] 高汝熹，纪云涛，陈志洪．技术链与产业选择的系统分析[J]．研究与发展管理，2006（8）．

[68] 高巍，田也壮，姜振寰．基于供应链联盟的知识整合研究[J]．管理工程学报，2005（3）．

[69] 龚惠群，黄超，王永顺．战略性新兴产业的成长规律、培育经验及启示[J]．科技进步与对策，2011，28（23）：78－81.

[70] 管益忻．直逼客户经济最前沿的商业范式——海尔“人单合

一”—T模式初解［J］．企业研究，2006（8）．

［71］韩跃．战略性新兴产业空间布局研究［D］．首都经济贸易大学，2014.

［72］贺俊，吕铁．战略性新兴产业：从政策概念到理论问题［J］．财贸经济，2012（5）：106－113.

［73］贺正楚，吴艳，周震虹．基于知识发现的战略性新兴产业识别研究：兼论“长三角”战略性新兴产业的发展［J］．南京财经大学学报，2012（4）：22－28.

［74］贺正楚，吴艳，周震虹．战略性新兴产业评估指标的实证遴选及其应用［J］．中国科技论坛，2011（5）：10－14.

［75］赫希曼．经济发展战略［M］．北京：经济科学出版社，1991.

［76］洪勇，李英敏．自主创新的政策传导机制研究［J］．科学学研究，2012，30（3）．

［77］洪勇，苏敬勤．发展中国家核心产业链与核心技术链的协同发展研究［J］．中国工业经济，2007（6）：38－45.

［78］胡健飞，夏亚云．粘滞知识的成因分析及管理［J］．情报杂志，2006（6）．

［79］胡琳娜，张所地，陈劲．锚定＋创新街区的创新集聚模式研究［J］．科学学研究，2016，34（12）：1886－1896.

［80］黄南．世界新兴产业发展的一般规律分析［J］．科技与经济，2008（5）：31－34.

［81］黄群慧，贺俊．“第三次工业革命”、制造的重新定义与中国制造业发展［J］．工程研究——跨学科视野中的工程，2013，5（2）：184－193.

［82］惠青，邹艳，产学研合作创新网络、知识整合和技术创新的关系研究［J］．软科学，2010（3）．

［83］纪建强，黄朝峰．战略性新兴产业选择：从政策解读到理论评判［J］．当代经济管理，2014（5）．

［84］纪云涛．基于“三链一力”的产业选择和升级研究［D］．复旦大学，2006.

[85] 贾根良，秦升．中国“高技术不高”悖论的成因与政策建议［J］．当代经济研究，2009（5）．

[86] 江海潮．产业政策激励、产业剩余分配与产业政策效应［J］．产业经济评论，2007（2）．

[87] 姜奇平．海尔经验——中国企业信息化的真经（下）［J］．互联网周刊，2001（41）：43－45.

[88] 姜义平．战略性新兴产业创新平台构建研究［J］．技术与创新管理，2012，33（6）：613－615，631.

[89] 蒋键．供应商参与创新与制造商创新绩效相关关系实证研究［D］．浙江大学，2004.

[90] 金海军．我国专利、专利产业化的现状及其原因探讨［J］．中国软科学，2004（1）：99－104.

[91] 景奉杰．灯塔顾客导向：高技术企业市场导向研究［J］．中国软科学，2000（12）．

[92] 卡萝塔·佩蕾斯．技术革命与金融资本［M］．北京：中国人民大学出版社，2007.

[93] 李勃昕．中国战略性新兴产业发展研究［D］．西北大学，2013.

[94] 李健，屠启宇．创新时代的新经济空间：美国大都市区创新城区的崛起［J］．城市发展研究，2015，22（10）：85－91.

[95] 李健．创新驱动空间重塑：创新城区的组织联系、运行规律与功能体系［J］．南京社会科学，2016（7）：76－82.

[96] 李健．创新时代的新经济空间——从全球创新地理到地方创新城区［M］．上海：上海社会科学出版社，2016.

[97] 李金华．中国战略性新兴产业发展的若干思辨［J］．财经问题研究，2011（5）：3－10.

[98] 李强，郑江淮．产学研合作中的异质性、不对称与模式选择［J］．产经评论，2013，4（1）：26－35.

[99] 李胜会，李红锦．产业集聚规模效应对生产率影响的实证研究

[J]. 统计与决策，2011 (5)：81 - 84.

[100] 李姝. 区域产业分工合作的内在机理与路径研究 [D]. 合肥工业大学，2012.

[101] 李涛. 产业集聚视角下我国特色小镇创新体系研究 [J]. 科学管理研究，2017，35 (6)：61 - 64.

[102] 李天柱，马佳，冯薇. 信息产业的接力创新：一个多案例研究 [J]. 科学学研究，2014，32 (3)：447 - 453.

[103] 李文元，向雅丽，顾桂芳. 创新中介在开放式创新过程中的功能研究——以 InnoCentive 为例 [J]. 科学学与科学技术管理，2012，33 (4)：54 - 59.

[104] 李晓华，刘峰. 产业生态系统与战略性新兴产业发展 [J]. 中国工业经济，2013 (3).

[105] 李晓华，吕铁. 战略性新兴产业的特征与政策导向研究 [J]. 宏观经济研究，2010 (9)：20 - 26.

[106] 李晓慧. 基于模块化理论的集成商选择与模块商激励研究 [D]. 南京财经大学，2008.

[107] 李钟文. 硅谷优势 [M]. 北京：人民出版社，2002.

[108] 林淼，苏竣，张雅娴. 技术链、产业链和技术创新链：理论分析与政策含义 [J]. 科学学研究，2001 (4).

[109] 林学军，李亚琼. 战略性新兴产业的培育与发展模式研究——以中国光伏产业为例 [J]. 特区经济，2013 (9)：153 - 157.

[110] 林学军. 战略性新兴产业的发展与形成模式研究 [J]. 中国软科学，2012 (2)：26 - 34.

[111] 刘宝亮. "十二五"规划建议的新意和思路解读 [J]. 北方经济，2010 (21)：18 - 19.

[112] 刘澄，顾强，董瑞青. 产业政策在战略性新兴产业发展中的作用 [J]. 经济社会体制比较，2011 (2).

[113] 刘康，曾繁华. 企业技术创新与产业技术链整合 [J]. 科技进步与对策，2011 (6).

［114］刘玉红．产业集群视角下的辽宁文化创意产业发展对策研究［J］．辽宁行政学院学报，2012，14（10）：92－93.

［115］刘芸．架构创新能力与企业全球价值链地位提升研究［D］．上海社会科学院，2019.

［116］刘志彪，张杰．从融入全球价值链到构建国家价值链：中国产业升级的战略思考［J］．学术月刊，2009，41（9）：59－68.

［117］刘志彪．科技银行功能构建：商业银行支持战略性新兴产业发展的关键问题研究［J］．南京社会科学，2011（4）：1－8.

［118］刘志彪．战略性新兴产业的高端化：基于“链”的经济分析［J］．产业经济研究，2012（3）：9－17.

［119］刘志春，陈向东．基于时滞效应的我国科技园区创新效率评价［J］．管理学报，2015，12（5）：727－732.

［120］刘志阳．战略性新兴产业主导设计形成机理与竞争策略研究［J］．经济社会体制比较，2010（5）.

［121］陆立军，郑小碧．区域创新平台的企业参与机制研究［J］．科研管理，2008（2）：122－127.

［122］路风，封凯栋，曹崴．企业的技术能力是知识产权之源［J］．中国新技术新产品精选，2005（5）：79.

［123］路风．走向自主创新寻找中国力量的源泉［M］．南宁：广西师范大学出版社，2006.

［124］吕海萍，龚建立，王飞绒．产学研结合的动力——障碍机制实证分析［J］．研究与发展管理，2004（2）.

［125］吕铁，贺俊，李晓华．技术经济范式协同转变与战略性新兴产业发展［M］．北京：中国社会科学出版社，2014.

［126］吕铁，贺俊．技术经济范式协同转变与战略性新兴产业政策重构［J］．学术月刊，2013（7）.

［127］罗仲伟，冯健．企业网络创新中的知识共享机制——丰田汽车的案例［J］．经济管理，2007（16）.

［128］罗仲伟，贺俊，黄阳华．中小企业政策需从基本思路上寻求突

破［J］．中国经贸，2012（11）．

［129］骆品亮，余林徽．我国产学研合作的制约因素及其政策研究［J］．上海管理科学，2004（6）．

［130］马健．产业融合理论研究评述［J］．经济学动态，2002（5）：78－81.

［131］马楠．中国战略性新兴产业协同创新系统演化机理研究［D］．福州大学，2016.

［132］马岳红，袁健红．主导设计文献综述［J］．科技进步与对策，2010（8）．

［133］迈克尔·波特．竞争战略［M］．北京：华夏出版社，2005.

［134］欧雅捷，林迎星．战略性新兴产业创新系统构建的基础探讨［J］．技术经济，2010，29（12）：7－11.

［135］欧阳桃花，丁玲，郭瑞杰．组织边界跨越与IT能力的协同演化：海尔信息系统案例［J］．中国工业经济，2012（12）．

［136］彭双，顾新，吴绍波．技术创新链的结构、形成与运行［J］．科技进步与对策，2012（9）．

［137］乔玉婷，曾立．战略性新兴产业的军民融合式发展模式研究［J］．预测，2011，30（5）：1 5.

［138］青木昌彦．硅谷模式的信息与治理结构［J］．经济社会体制比较，2000（6）．

［139］曲永军．后发地区战略性新兴产业成长动力机制研究［D］．吉林大学，2014.

［140］任皓，邓三鸿．知识管理的重要步骤——知识整合［J］．情报科学，2002（6）．

［141］芮明杰，邓少军．产业网络环境下企业跨组织知识整合的内在机理［J］．当代财经，2009（1）．

［142］芮明杰，刘明宇．网络状产业链的知识整合研究［J］．中国工业经济，2006（1）．

［143］芮明杰．论产业链整合［M］．上海：复旦大学出版社，2006.

［144］邵汉华，周磊，刘耀彬．中国创新发展的空间关联网络结构及驱动因素［J］．科学学研究，2018，36（11）：2055－2069.

［145］申俊喜．创新产学研合作视角下我国战略性新兴产业发展对策研究［J］．科学学与科学技术管理，2012，33（2）：37－43.

［146］苏敬勤，吕一博，傅宇．模块化背景下后发国家产业技术追赶机理研究［J］．研究与发展管理，2008（6）.

［147］苏宁，屠启宇．打造“创新城区”、推动城市创新——《创新城区的崛起：美国创新地理的新趋势》报告解读［R］．上海科技发展研究中心《科技发展研究》，2015，398（5）.

［148］孙浩然．日本新能源汽车产业发展分析［D］．吉林大学，2011.

［149］孙明．企业技术创新需要政策引导［J］．安徽科技，2001（5）：17－18.

［150］孙蕊，吴金希．我国战略性新兴产业政策文本量化研究［J］．科学学与科学技术管理，2015，36（2）：3－9.

［151］田洪刚．平台企业对产业链重塑的影响研究［D］．山东大学，2017.

［152］涂文明．我国战略性新兴产业区域集聚的发展路径与实践模式［J］．现代经济探讨，2012（9）：54－59.

［153］屠建飞，冯志敏．基于技术创新链的行业技术创新平台［J］．科技与管理，2010（1）.

［154］万钢．提升科技战略研究水平　发挥战略研究的决策支撑作用［J］．科技成果纵横，2010（3）：4－8.

［155］汪秀婷，胡树华．基于“三力模型”的产业技术创新平台集成运行模式［J］．科学学与科学技术管理，2009，30（10）：79－84.

［156］汪易易．基于 App Store 平台的企业价值链研究［J］．现代商业，2010（8）.

［157］汪英华．区域战略性新兴产业创新生态化的政府科技支撑机制研究［D］．哈尔滨理工大学，2016.

［158］王帮俊，王冬．区域产业创新体系的构建及相关政策机制和制度支持研究［J］．现代管理科学，2011（5）：50－52.

［159］王昌林．“十二五”时期培育发展战略性新兴产业的主要任务［J］．中国经贸导刊，2011（13）：10－13.

［160］王德起，钟顺昌．城市发展新空间及其现实驱动：观察远郊工业区［J］．改革，2016（9）：33－47.

［161］王发明，毛荐其．技术链、产业技术链与产业升级研究——以我国半导体照明产业为例［J］．研究与发展管理，2010（3）．

［162］王珏辉．战略性新兴产业区域集聚和区位优势研究［J］．财经问题研究，2014（6）：31－35.

［163］王利政．我国战略性新兴产业发展模式分析［J］．中国科技论坛，2011（1）：12－15，24.

［164］王庆喜，胡志学．长三角地区研发企业集聚与知识溢出强度——连续空间中的微观分析［J］．地理科学，2018，38（11）：1828－1836.

［165］王兴平，朱凯．都市圈创新空间：类型、格局与演化研究——以南京都市圈为例［J］．城市发展研究，2015，22（7）：8－15.

［166］王兴元，杨华．高新技术产业链结构类型、功能及其培育策略［J］．科学学与科学技术管理，2005，9（3）．

［167］王毅，吴贵生．产学研合作中粘滞知识的成因与转移机制研究［J］．科研管理，2001（6）：114－121.

［168］温珂，林则夫．基于核心能力理论探讨区域创新发展［J］．科研管理，2005（6）．

［169］文娉．技术标准中专利分布影响下的价值链治理模式研究——以移动通信产业为例［J］．中国工业经济，2007（4）．

［170］吴金希，李宪振．台湾工研院科技成果转化经验对发展新兴产业的启示［J］．中国科技论坛，2012（7）：89－94.

［171］吴绍棠，李燕萍．基于协同创新的中小企业自主创新能力提升研究——“第二届中国特色产学研合作高峰论坛”综述［J］．科技进步与对策，2013，30（24）：193－196.

［172］吴卫，银路．巴斯德象限取向模型与新型研发机构功能定位［J］．技术经济，2016，35（8）：38－44.

［173］吴晓波，吴东．全球制造网络与中国大中型企业的自主创新——现状、瓶颈与出路［J］．科技管理研究，2010（4）．

［174］吴义爽，蔡宁．我国集群跨越式升级的“跳板”战略研究［J］．中国工业经济，2010（10）：55－64.

［175］武建龙，王宏起．战略性新兴产业突破性技术创新路径研究——基于模块化视角［J］．科学学研究，2014（4）．

［176］夏美玲．敏捷供应链利益协同机制研究［D］．重庆工商大学，2007.

［177］肖学勤．汽车零部件产业链技术创新服务平台关键技术研究［D］．南昌航空大学，2015.

［178］邢小强，仝允桓．新技术商业化过程中的不确定性、学习与投资决策［J］．中国管理科学，2010，18（5）：137－144.

［179］薛澜等．中国战略性新兴产业发展报告［M］．北京：科学出版社，2014.

［180］闫春．技术搜索对企业开放式创新影响的理论述评［J］．情报科学，2013（3）．

［181］闫俊周，齐念念．国内战略性新兴产业协同创新研究综述与展望［J］．技术与创新管理，2019，40（6）：647－653.

［182］扬西蒂·莱维恩．共赢：商业生态系统对企业战略、创新和可持续性的影响［M］．王凤彬等译．北京：商务印书馆，2006.

［183］杨洁．高通专利费降低势在必行［N］．中国计算机报，2006－07－24.

［184］杨坤，胡斌．分布式创新网络中节点间知识粘滞的动态机制模型研究——基于“理性经济节点”的研究假设［J］．科技进步与对策，2015，32（20）：132－140.

［185］杨锐．产业链竞争力理论研究［D］．复旦大学，2012.

［186］杨园芳．产学研合作创新知识整合研究［D］．哈尔滨工程大

学，2012.

［187］姚凯，刘明宇，芮明杰．网络状产业链的价值创新协同与平台领导［J］．中国工业经济，2009（12）：86－95.

［188］姚齐源，宋伍生．有计划商品经济的实现模式——区域市场［J］．天府新论，1985（3）：1－4，11.

［189］姚潇颖．中国战略性新兴产业产学研合作机制与绩效研究［D］．华中科技大学，2017.

［190］姚志坚，吴翰，程军．技术创新 A－U 模型研究进展及展望［J］．科研管理，1999，20（4）．

［191］游文明，周胜，冷得彤，丛曙，张煜，杨跃峰．产学研合作动力机制优化研究［J］．科学学与科学技术管理，2004（10）：9－12.

［192］于志伟．战略性新兴产业双链融合与实现路径研究［D］．山东师范大学，2015.

［193］余斌，冯娟，曾菊新．产业集群网络与武汉城市圈产业发展的空间组织［J］．经济地理，2007（3）：427－432.

［194］余东华，芮明杰．模块化网络组织中的知识流动与技术创新［J］．上海管理科学，2007（1）．

［195］郁义鸿．产业链类型与产业链效率基准［J］．经济与管理研究，2005（11）．

［196］喻登科，涂国平，陈华．战略性新兴产业集群协同发展的路径与模式研究［J］．科学学与科学技术管理，2012，33（4）：114－120.

［197］袁天昂．资本市场支持我国战略性新兴产业发展研究［J］．西南金融，2010（3）：68－71.

［198］远德玉．产业技术界说［J］．东北大学学报（社会科学版），2000，2（1）．

［199］岳中刚．基于模块化结构的物联网产业价值创新：机理与策略［J］．北京工商大学学报（社会科学版），2014，29（1）：37－43.

［200］张昊君．天津市科技服务体系建设研究［D］．天津大学，2005.

［201］张健，陈圣宾，陈彬，杜彦君，黄晓磊，潘绪斌，张强．公众科学：整合科学研究、生态保护和公众参与［J］．生物多样性，2013，21(6)：738－749.

［202］张敬文，李一卿，陈建．战略性新兴产业集群创新网络协同创新绩效实证研究［J］．宏观经济研究，2018（9）：109－122.

［203］张梅．IT 项目动态联盟利益协同机制研究［D］．吉林大学，2010.

［204］张少春．抓紧抓实　确保私人购买新能源汽车试点达到预期目标［J］．中国财政，2010（18）：16－19.

［205］张嶠喆，史建生．培育战略性新兴产业的政策评述［J］．经济研究参考，2010（52）：15－19，43.

［206］赵红岩．产业链整合的演进与中国企业的发展［J］．当代财经，2008（9）：78－83.

［207］郑湛，徐绪松，朱国宾，赵伟，郑小京．大组织理论研究［J］．管理学报，2015，12（4）：522－529.

［208］周程．日本官产学合作的技术创新联盟案例研究［J］．中国软科学，2008（2）.

［209］朱方伟，蒋兵，张国梁．基于产品技术链的发展中国家企业技术追赶研究［J］．管理科学，2008，21（2）.

［210］朱瑞博，刘志阳，刘芸．架构创新、生态位优化与后发企业的跨越式赶超——基于比亚迪、联发科、华为、振华重工创新实践的理论探索［J］．管理世界，2011（7）：69－97，188.

［211］朱瑞博．“十二五”时期上海高技术产业发展：创新链与产业链融合战略研究［J］．上海经济研究，2010（7）.